難聴者と中途失聴者の心理学

聞こえにくさをかかえて生きる

難聴者の心理学的問題を考える会 編

今尾真弓 岡本康秀 小渕千絵 勝谷紀子 栗田季佳 佐野智子 冷水來生 高宮明子 滝沢広忠 名畑康之

かもがわ出版

〈装丁〉上野かおる
〈組版〉小國　文男

はじめに

みなさんは、「難聴者」という言葉を聞いて、どのようなイメージを心に思い浮かべるでしょうか。筆者は、大学生を対象に調査をしたことがあります。難聴者のイメージについて、「難聴者は」という主語だけが書かれた不完全な文章を完成させる方法で、難聴がある人のイメージを自由に書いてもらいました。そこに書かれた内容をみると、手話を使う、話すことができない、全く聞こえない、音楽が楽しめない、かわいそう、たいへん、などといった記述が多くみられました(1)。表1は、文章の中に出現した言葉のうち、出現数が多い言葉を表にまとめたものです。

手話は聴覚障害を持つ人びとにとって、とても大事なコミュニケーション手段の一つです。手話を正式な「言語」として位置づけようという考え方が心理学だけでなく、心理言語学など、さまざまな分野で主流になっています。手話を言

表1　記述に見られた形態素の出現頻度（上位10語）

名詞		動詞		形容詞		形容動詞	
耳	181	聞こえる	254	ない	37	大変	74
病気	83	聞き取る	38	多い	36	不便	46
音	73	治る	35	つらい	34	かわいそう	37
人	63	できる	32	よい	24	必要	28
補聴器	55	思う	27	悪い	18	不自由	17
生活	50	わかる	25	怖い	18	困難	9
障害	39	使う	24	うまい	16	先天的	8
手話	35	取る	23	難しい	15	危険	7
声	31	つける	23	遠い	10	後天的	5
会話	24	しゃべれる	11	若い	8	上手	5

注）勝谷（2011）より

語とみなす手話言語条例が制定されるなど、学問の世界以外でも手話を独立した言語体系であると認める動きが広がっています。中途失聴者や重度ではない難聴者でも手話を上手に使っている人がいます。会話に手話を取り入れると理解の手掛かりとなり、筆談よりもスムーズにコミュニケーションが進むことから、手話を積極的に学習しようとする難聴者も多いようです。

それと同時に、すべての聴覚障害者、聞こえの問題を持つ人が手話を使いこなしているわけではありません。人生の半ばで病気や怪我などのさまざまな原因で突然、あるいは徐々に聴覚が低下するような場合があります。こうした理由で聞こえなくなった、あるいは聞こえにくくなった人びとにとってみれば、手話はまるで外国語のようなもので、新たに身につけなくてはならないなじみの薄いコミュニケーション手段と感じられる人もいます。そのため、聞こえが悪いからといって手話で働きかけられても、その内容がよくわからず困惑してしまうこともしばしば起こるのです。このようなときは、手話よりも、筆談を使ったり、ゆっくりはっきり話したりすることのほうがスムーズなコミュニケーションをとれることが多いようです。

また、聴覚障害者が、手話を用いて口頭ではまったく話さずやりとりする場面を見たことがある人もいるかもしれません。実際には、聴覚障害者、聞こえの問題を持つ人のすべてが話さないわけではなく、手話と音声言語をとりまぜる人もいれば、音声言語を主に用いる人もいます。特に、中途で聴力に問題が起きた人、片耳だけ難聴の人、軽度・中等度の難聴の人の場合は、コミュニケーションをとることが必要な接客や営業の仕事をしていたり、落語のような話芸に趣味でとりくんだりする人もいます。このように、難聴者のコミュニケーション手段がさまざまであることも意外と知られていないようです。

さらに、難聴、聴覚障害については、聞こえに問題があることが見えにくい、外からはわかりにくいという特徴があります。聞こえの問題が外から見えにくいことには多くの問題を伴います。たとえば、人の話が聞き取れないなどコミュニケーションがうまくいかないことを周囲にわかってもらえない、聞こえに問題があることを逐一説明しないといけない、などです。日常生活でこのような困難な思いをしている人がいることは、あまり知られていないのが現状です。

このように、聞こえの問題を持つとはどのようなことか、日常生活でどのような困難や葛藤があるのか、聞こえの問題を持つ人の心の世界はどのようなものか、いまだに理解が進んでいない現状があります。[2] わたしたちは、こうした現状をふまえて、「公益社団法人日本心理学会難聴者の心理学的問題を考える会」という研究会を2011年度につくりました。研究会の初代代表は、山口福祉文化大学（当時）の山口利勝先生でした。ご自身も難聴を持つ当事者である山口先生の呼びかけで、難聴を研究テーマとする研究者、自ら難聴を持つ研究者が集まりました。難聴についての研究テーマは、臨床心理学、社会心理学、発達心理学、認知心理学など幅広いものです。そのため、メンバーの問題を共有し、さらに検討をすすめるために、日本心理学会の学会大会において自主ワークショップ、公募シンポジウムの開催を毎年のように重ねていきました。これまでのテーマは「難聴者の心理学的問題を考える」「難聴者の心理学的問題を考える2―コミュニケーションの配慮について考える」「難聴者のメンタルヘルスについて考える」「難聴・難聴者への理解を深めるためには」「難聴者・聴覚障害者への合理的配慮を考える」などです。

本書は、難聴や難聴者をめぐる最近のさまざまな問題について、心理学の立場を中心にまとめたものです。これまでの公募シンポジウムや自主ワークショップでの話題提供や指定討論の内容をふまえてまとめなおし、医学的な解説や聴覚障害児に関する章も加えて、難聴、難聴者について理解が深まるように一般向けに平易な言葉で構成したものです。各章の執筆者は自身の立場で執筆しており、見解や用語の表記も異なっています。想定する読者として、難聴当事者、難聴者と家庭や職場などで関わる人びと、要約筆記やパソコン文字通訳といった情報保障で難聴者をサポートする支援者の方々、障害者心理学や特別支援教育を学ぶ学生や関連科目の授業を担当する教員を考えていますが、難聴や難聴者について全く知らない方にもぜひ本書を手に取っていただきたいと思います。難聴者の世界について知っていただき、お互いにうまく関わり合う方法について考える手がかりになればうれしいです。

最後に、本書は、「難聴者の心理学的問題を考える会」が発足し、研究会の活動が公益社団法人日本心理学会の研究会等助成金によって継続できたことによるところが大きいです。研究会への助成をいただいた日本心理学会、刊行まで支えて下さったかもがわ出版の吉田茂さんに感謝の意を示すとともに、研究会の活動に尽力し、58歳で亡くなられた研究会の初代代表・山口利勝先生に本書を捧げたいと思います。

勝谷　紀子（難聴者の心理学的問題を考える会代表）

引用文献

(1) 勝谷紀子（２０１１）難聴のしろうと理論、日本大学文理学部人文科学研究所研究紀要、81、１２３-１３０

(2) 山口利勝（２００３）中途失聴者と難聴者の世界―見かけは健常者、気づかれない障害者―、一橋出版

難聴者と中途失聴者の心理学――聞こえにくさをかかえて生きる◎目次

第1章　聞こえづらさにまつわるさまざまな問題

勝谷 紀子

「全聾《ろう》の作曲者」としてメディアで名を知られるようになったある作曲家の作品が実はゴーストライターによるものだったという事件がありました。また、この作曲家は実際には全聾ではなく、身体障害者手帳の取得に至らない聴力の感音性難聴であることも検査でわかり、身体障害者手帳を返すことになりました。これら一連の事態の報道をみると、身体障害者手帳を持つまでに至らない難聴者は聴覚障害ではないかのような誤った内容、聾ではない難聴者は日常生活では支障がないかのような誤解を与えかねない内容も含まれていました。

それでは、日本では難聴についてはどのように考えられているのでしょうか。また、聞こえにくさを持つ人びとは日常生活でどのような困難、悩みごとを持っているのでしょうか。さらに、聞こえにくさを持つことで心の健康にはどのように影響するのでしょうか。

この章では、日本では聞こえに困る人はどれだけいるのか、日常生活でどのようなことに困っているのか、聞こえづらいことと心の健康にはどのような関係があるのかを中心に考えていきます。

難聴、聴覚障害のとらえ方

難聴、聴覚障害のとらえ方には、分野や立場によってさまざまな考え方があります。ここでは医学的に調べた聴力の程度に基づいた分類をみていきます。

日本では、聴覚障害者はどのような人なのでしょうか。「日本では」とわざわざ付け加えたのはわけがあります。聴覚障害者とはどのような人をさすのか、日本の基準と国際的に取り決められている基準とでは大きく違うからです。日本での聴覚障害に関する問題の一つであり、注意が必要です。

「身体障害者福祉法」という法律に基づいて聴覚障害者であると認められ、身体障害者手帳を取得してさまざまな福祉の支援を受けるためには、最低でも平均70デシベル以上の聴力が基準とされています。[1] 身体障害者手帳の等級を分ける等級表（表1）を見ると、もっとも障害の程度が軽い6級の場合で「1　両耳の聴力レベルが70デシベル以上のもの（40センチメートル以上の距離で発声された会話語を理解し得ないもの）　2　一側耳の聴力レベルが90デシ

表1　身体障害者手帳を取得するための聴覚障害の基準

2級	両耳の聴力レベルがそれぞれ100デシベル以上のもの（両耳 全ろう）
3級	両耳の聴力レベルが90デシベル以上のもの（耳介に接しなければ大声語を理解し得ないもの）
4級	1 両耳の聴力レベルがそれぞれ80デシベル以上のもの（耳介に接しなければ話声語を理解し得ないもの） 2 両耳による普通話声の最良の語音明瞭度が50パーセント以下のもの
6級	1 両耳の聴力レベルが70デシベル以上のもの（40センチメートル以上の距離で発声された会話語を理解し得ないもの） 2 一側耳の聴力レベルが90デシベル以上、他側耳の聴力レベルが50デシベル以上のもの

注：身体障害者手帳等級表より作成。1級と5級は聴覚障害単独では存在しない。

ベル以上、他側耳の聴力レベルが50デシベル以上のもの」と書かれています。それぞれがどういうことなのか、くわしくみていきましょう。

まず、デシベルとは音の大きさを表す単位の一つです。基準の1にある「70デシベル」は、だいたい洗濯機や掃除機の音くらいといわれています。[2] ふだんの生活で耳にする音の中ではかなり大きな音であることがわかると思います。掃除機の音くらいの大きさの音でないと両耳とも聞こえない、という聴力になると身体障害者手帳の中でももっとも低い6級として認められるのです。

基準の2についてみると、50デシベルは換気扇の音や人の日常の話し声、90デシベルは犬の鳴き声や人の大声などに相当します。これほどの大きさの音であれば聞こえるという聴力で身体障害者手帳が取得できるのです。

また、4級では「両耳による普通話声の最良の語音明瞭度が50パーセント以下のもの」という基準があります。語音明瞭度検査という言葉の聞き取りの検査で明らかとなった言葉が聞き取れる程度(語音明瞭度)が50パーセント以下であるということです。つまり、話し声自体は聞こえるけれど言葉の聞き取りが困難、という場合をさします。

こうした基準を当てはめると、片耳だけ聞こえないという一側性難聴や高齢による加齢性難聴、難聴の程度が比較的軽い軽度難聴や中等度難聴では聴覚障害として該当しないケースが出るのです。

次に、国際的な基準を見てみましょう。世界保健機関(WHO)の基準[3]では、日本の基準と大きく異なり、聴力が良い耳の聴力が41デシベル以上だと聴覚障害とされているのです。40デシベルとは普通の会話での声くらいの大きさといわれています。つまり、ふだんの会話が聞こえにくい、聞こえないという場合に聴覚障害に相当することになります。ふだんの会話が難しいのであれば、医療的なケアや、補聴手段を考える必要が出てくるでしょう。このように、日本と海外とで聴覚障害とみなされるための判断基準が大きく異なり、日本では法律的に聴覚障害者とみなされるための基準が世界にくらべて厳しい現状があるのです。

こうした事情のため、日本では、法律的には聴覚障害者とはみなされていないものの日常生活では聞こえの問題を抱えて困っている、という状況にある難聴者が潜在的に存在します。詳細な実態調査がないため正確な人数はわかりませんが、約1000万人[3]とも推定されています。

その結果、難聴をかかえる人びとの中には、聞こえが悪いことによって起こるさまざまな困難やストレスを抱えるだけでなく、これらの困難やストレスを人から理解されることもなく、補聴器を買うお金を一部負担してもらうなどの福祉的なサポートを十分に受けることもできずに、人知れず困難な生活を強いられる人もいます。

日本の聴覚障害者の現状

次に、日本の聴覚障害者の現状についてみてみましょう。厚生労働省がおこなった「平成28年生活のしづらさなどに関する調査（全国在宅障害児・者等実態調査）」によると、聴覚・言語障害で身体障害者手帳を所持した人数は34万1000人と推定されています。ただし、先述したとおりWHOの基準とは異なりますので、WHOの基準を満たしているけれど日本の聴覚障害の定義にはあてはまらな

表2　聴覚障害者のコミュニケーション手段（複数回答）

65歳未満	全体	1級	2級	3級	4級	6級
補聴器	25.0％(12)	40.0％(2)	23.8％(5)	33.3％(1)	8.3％(1)	42.9％(3)
人工内耳	4.2％(2)	-(-)	4.8％(1)	-(-)	8.3％(1)	-(-)
読話	10.4％(5)	-(-)	19.0％(4)	33.3％(1)	-(-)	-(-)
筆談・要約筆記	22.9％(11)	40.0％(2)	33.3％(7)	-(-)	8.3％(1)	14.3％(1)
手話・手話通訳	25.0％(12)	80.0％(4)	33.3％(7)	33.3％(1)	-(-)	-(-)
パソコン・意思疎通支援機器	4.2％(2)	20.0％(1)	4.8％(1)	-(-)	-(-)	-(-)
携帯電話	6.3％(3)	-(-)	4.8％(1)	33.3％(1)	-(-)	14.3％(1)
スマートフォン・タブレット端末	20.8％(10)	80.0％(4)	19.0％(4)	-(-)	8.3％(1)	14.3％(1)
ファックス	14.6％(7)	60.0％(3)	19.0％(4)	-(-)	-(-)	-(-)
コミュニケーションボード（絵・カード等）	2.1％(1)	-(-)	4.8％(1)	-(-)	-(-)	-(-)
家族・友人・介助者	2.1％(1)	-(-)	-(-)	-(-)	8.3％(1)	-(-)

65歳以上(年齢不詳を含む)	全体	1級	2級	3級	4級	6級
補聴器	20.2％(38)	-(-)	15.4％(8)	33.3％(10)	18.4％(9)	20.0％(11)
読話	2.7％(5)	50.0％(1)	3.8％(2)	3.3％(1)	-(-)	1.8％(1)
筆談・要約筆記	9.0％(17)	-(-)	15.4％(8)	20.0％(6)	4.1％(2)	1.8％(1)
手話・手話通訳	4.3％(8)	-(-)	13.5％(7)	-(-)	2.0％(1)	-(-)
パソコン・意思疎通支援機器	0.5％(1)	-(-)	1.9％(1)	-(-)	-(-)	-(-)
携帯電話	3.7％(7)	-(-)	3.8％(2)	6.7％(2)	4.1％(2)	1.8％(1)
スマートフォン・タブレット端末	0.5％(1)	-(-)	1.9％(1)	-(-)	-(-)	-(-)
ファックス	5.9％(11)	-(-)	9.6％(5)	13.3％(4)	4.1％(2)	-(-)
コミュニケーションボード（絵・カード等）	1.6％(3)	-(-)	3.8％(2)	-(-)	-(-)	1.8％(1)
家族・友人・介助者	8.5％(16)	-(-)	11.5％(6)	10.0％(3)	6.1％(3)	7.3％(4)
その他	1.1％(2)	-(-)	1.9％(1)	-(-)	2.0％(1)	-(-)

注：「第23表 聴覚障害者、コミュニケーション手段別・障害等級（複数回答）別」をもとに作成。選択されていない選択肢は省略している。カッコ内は有効回答数に基づく集計結果。

いという難聴者が背後にいることになります。また、身体障害者手帳を取得する条件は満たしているものの、さまざまな理由から手帳を取得していない人もいると考えられます。

次に、厚生労働省による「平成28年生活のしづらさ調査」の結果から、聴覚障害者のふだんの生活に関する現状や意識についてみてみましょう(5)。

聴覚障害者の日常的なコミュニケーション手段(表2)を見ると、年代を通じて補聴器を利用する人の割合が多いこと、65歳未満の場合1級から3級の人では手話を用いている割合が多いこと、65歳以上では手話・手話通訳よりも筆談・要約筆記の比率が高いことなどがわかります。

一般的には「聴覚障害者は手話を使う」というイメージがありますが(6)、必ずしも手話ばかりではなく、聴覚障害の程度によってコミュニケーション手段が異なること、ふだん使われるコミュニケーションの手段がさまざまであることがわかります。また、身体障害

表3　聞こえづらさを感じている人のコミュニケーション手段（複数回答）

	総数	65歳未満	65歳以上 (年齢不詳を含む)
総数	100.0%(43)	100.0%(3)	100.0%(40)
補聴器	51.2%(22)	33.3%(1)	52.5%(21)
読話	7.0%(3)	-(-)	7.5%(3)
筆談・要約筆記	16.3%(7)	-(-)	17.5%(7)
手話・手話通訳	2.3%(1)	-(-)	2.5%(1)
携帯電話	4.7%(2)	-(-)	5.0%(2)
ファックス	2.3%(1)	-(-)	2.5%(1)
家族・友人・介助者	37.2%(16)	66.7%(2)	35.0%(14)
その他	4.7%(2)	-(-)	5.0%(2)

注：「第56表 手帳非所持かつ自立支援給付等非受給の者（聞こえづらさを感じている者）、コミュニケーション手段（複数回答）別」をもとに作成。選択されていない選択肢は省略している。カッコ内は有効回答数に基づく集計結果。

者手帳を持っていないものの聞こえづらさを感じている人の場合は、補聴器を使っている人が全体の半数、ついで家族・友人・介助者、筆談・要約筆記が使われていました（表3）。ですので、難聴者とコミュニケーションするときには、手話だけにこだわらず、コミュニケーションしている難聴者が最もよく使うコミュニケーション手段が何かを知ることがまず大切だといえるでしょう。

ただし、この調査でわからないことも多くあります。それは、日本における聴覚障害の基準を満たしておらず法律的には「聴覚障害者」ではないものの、病気や加齢などの理由で聴力が低下して聞こえにくさを持っている難聴者についてです。こうした難聴者が日常生活の中でどのようなコミュニケーション手段を使っているのか、どのような生活のしづらさ、困難を持っているのかがまだ十分にわからないのです。こうした難聴を持つ人たちは日常生活での困難を持っているにもかかわらず、誰からもその困難を理解されることが難しいため、聞こえにくさにまつわるさまざまな困難や悩みを誰にも伝えることなく、一人で抱え込んでしまいかねません。

聞こえにくさにまつわる悩み

難聴者は聞こえにくいことでどのような困難や悩みがあるのでしょうか。表4は、筆者がおこなった調査で、(7) ふだんの生活で経験したと回答したできごとのうち、特に経験した割合が高かったものです。これを見ると、同じ難聴者でも、日常生活、情報収集、コミュニケーションなど日常生活で困ることが非常に幅広いことがわかると思います。

表4　難聴者が経験することの多い出来事（勝谷、2014）

項目	経験率（%）
声の小さな人や早口の人の話が聞き取りにくかった（もしくは、聞こえなかった）	95.50
テレビやラジオの音声が聞きとりにくかった	94.48
遠くから話しかけられて聞き取りにくかった（もしくは、聞こえなかった）	93.05
駅、建物内（デパートやイベント会場など）の放送が聞きとりにくかった（もしくは、聞こえなかった）	92.97
マスクをかけた人の声が聞きとりにくかった	92.95
電車やバスなど乗り物内の放送が聞きとりにくかった（もしくは、聞こえなかった）	92.79
マイクやスピーカー越しの音声がわかりにくかった（もしくは、わからなかった）	92.78
周囲が静かでない場所での会話が聞き取りにくかった	92.74
受付、窓口、レジでの会話が聞き取りにくかった（もしくは、聞こえなかった）	92.12

注：経験率が90%を超えた項目のみを示している。

表5　難聴者が抱く悩みの例

- 聞こえなかったので返事をしなかったが、「無視した」「わざと返事をしなかった」と誤解される。
- 話の進行に応じて同時通訳してもらうことについて、わがままだと言われたことがあり、諦めている部分もある
- よく聞き取れなかったので、聞き返したり、質問したりすると、「能力が低いので理解できていない」と誤解される。
- 3回以上聞き返しがあると相手の方から「もういいよ」となる。
- 聞こえないところをもう1回聞き返すと「ちゃんと聞いてなきゃだめじゃない」と怒られる。
- いちいち配慮についていわないといけない。
- 飲み会に参加したくない。場の雰囲気は好きだけど、なんとも言えない疎外感や気を使わせていることへの罪悪感などは理解されていないように思う。
- 聴こえないより聴き取れない方がストレスであることは理解されていないように思う。

注：勝谷（2019）でのワークショップで使用された冊子より抜粋

また、表5は、筆者が難聴の方々にインタビューをして、ふだんの生活への困りごと、聞こえにくさにまつわる悩みなどについて聞き取った内容の一部を、個人が特定されないよう表現を変えて抜粋したものです。これを見ると、困りごとや悩みの特徴についても非常に幅広いことがわかると思います。また、難聴であることや聞こえにくい状態は外からみることができず、他の人に伝えても十分に理解されるとはかぎりません。聞こえの問題を他人にどのように打ち明けたら良いのか、話が聞きとれなかったときにどう対処すればよいのか、聞き取りにくい場面でどのように対応してほしいのか、さまざまな葛藤がよみとれると思います。

筆者の体験から

難聴が外からわかりにくく、他の人からも理解されにくいことについて、筆者自身の難聴の原因がわかるまでの顛末を紹介したいと思います。

わたしは、小学校5年生の頃に聞こえに問題があるのではないかと親戚に指摘を受けてから、実に30年以上その原因がよくわからないままでした。

近所の耳鼻咽喉科で聴力検査を受けて、低い音の聴力が低いことがわかりましたが、病気は見つかりませんでした。以降、複数の病院で聴力検査を受けたものの同様の診断結果、低い音の感音性難聴、正常、とまちまちの結果となってしまいました。

大学生の頃になると、大教室での講義でマイクを通した先生の声ががんがんと大きく聞こえているにもかかわらず、話の内容がどうしても理解できませんでした。当時のわたしは聞こえの問題というより自分の勉強不足のためだろうと判断して、授業後に内容を確認したり、復習をしたりしてなんとかついていきました。自分でも聞こえの問題なのか自分の知的な面の問題なのか、半信半疑な気持ちで学生生活を送りました。

年齢を重ねるにつれ、電話、騒がしい場所での会話、少し離れたところにいる人との会話もしづらくなってきました。電話で聞き間違いをして電話の相手から強く叱責されたことがあり、しだいに電話を避けるようになりました。ところが、周囲が静かな部屋では普通に会話ができるのです。状況や相手の声、話し方によって聞き取れるかどうか大きく変わってくるため、自分でもただの聞こえの問題ではないのではないかという疑問がわくようになっていきました。内心疑問を抱えながら、話が聞き取れないことを緊張しているせいにしたり、「天然ボケ」キャラを演じたりしてごまかすようになっていきました。

ごまかしがきかないほど言葉の聞き取りが悪くなったわたしは、2017年に補聴器外来のある耳鼻咽喉科クリニックを受診しました。ところが、その時受けた純音聴力検査の結果がなぜか正常値となり、正常値だから問題ないと医師に言われてしまいました。これまでの検査結果を見せ、日頃の聞き取りにくさを訴えたものの「値が正常だから問題ない」の一点張りでまともに話を聞いてもらえませんでした。取り付く島もないとはこのようなことをいうのでしょう。

納得がいくまで徹底的に調べてもらいたくなったわたしは、ある先生から紹介を受けて受診した病院の耳鼻咽喉科でさまざまな検査を受けました。その結果、聴力検査でのわたしの反応は不安定なもので、結果は参照値にしかすぎないことがはじめてわかったのです。そして、複数の検査結果から「オーディトリー・ニューロパシー」（第2章51ページを参照）という耳の神経が障害を受ける病気による難聴であると最終診断を受けたのでした。

オーディトリー・ニューロパシーは、1996年に初めて報告された病気[8]で患者数も少ないため、これまで複数の病院での診察で病気が見つからなかったのも無理はありません。自分の不思議な聞こえ方を自分でもよく理解できず、人からもあまり理解されずに過ごしてきましたが、最終診断がついて補聴器の装用や環境を整える工夫にも前向きに取り組めるようになりました。最終診断がついたといっても難聴が治るわけではありません。それでも、病気を見つけ出してくれた先生方や、病気を理解してくれる方々の存在が間違いなく支えとなっています。

難聴と心の健康との関係

難聴になると、聞き間違いなどコミュニケーションで失敗する経験を重ねてしまいがちです。人とのコミュニケーションがうまくいかなくなって、他人との関係をうまく保ちにくくなってしまうことになります。こうした対人関係上のストレスが重なると、心の健康にも影響するおそれがあります。

聞こえが悪くなることで心の健康にどのような影響を及ぼすのでしょうか。難聴と心の健康との関係を調べた研究では、難聴がある人とない人ではある人のほうが心の健康の度合いが低いことがわかっています。[9]ただし、難聴の程度が重いほど心の健康の度合いが低いわけではないようです。[10]むしろ、難聴学生よりろう学生のほうが精神健康度は高い[11]という報告もあります。

また、筆者がおこなった大人の難聴者を対象とした調査では、聞こえの状態と心の健康との関係を調べています。すると、身体障害者手帳を持っている難聴者と持っていない難聴者とでは、心の健康の状態に違いがあり、持っていない難聴者のほうがうつの程度が高いことがわかりました。一方、身体障害者手帳を持つ難聴者だけでくらべてみると、難聴の程度が重いほど心の状態が悪いという結果は見られませんでした。

こうした研究から考えると、難聴が重いほど精神的に不健康だとはいえなさそうです。仮に難聴の程度が重くても、周囲の人びとが難聴を知っていて問題を十分に理解していれば、必要な支援や配慮が手厚くほどこされることにつながり、周囲の人びとと円滑に意思疎通ができるようになるでしょう。このような環境が整えられれば、コミュニケーションの問題も生じにくくなり、対人関係上のストレスを経験することが少なくなることが期待できます。

一方で、身体障害者手帳を取得する程度ではない難聴であったとしても、そのことが周囲に伝わっていなかったり、伝わっていても難聴の問題を軽視されていたりするような状況では、必要な支援や配慮が十分になされないでしょう。すると、聞き間違いや聞き落としなどコミュニケーションの問題も起こりやすくなり、難聴者は周囲の人びととの対人関係上のストレスを経験することが多くなってしまいます。こうした経験が積み重なり、うまく対処することができないと心の健康にも影響するおそれがあると考えられます。

難聴者の心の健康に影響するコミュニケーションの問題

難聴が心の健康に悪影響を及ぼすまでは、多くのさまざまな要因が関わっていると考えられます。まずあげられるのがコミュニケーションの問題です。

第一に、難聴者は声が聞き取りにくいために聞き返しや聞き間違い、聞き落としなど、コミュニケーションでの失敗経験をすることが多くなります。意図的なわけでも不注意なわけでもないのに、ふだんの生活の中で小さな失敗経験を積み重ねてしまうのです。

第二に、難聴が進むにつれて、特定の状況での会話が困難になります。たとえば、複数の人たちで雑談をしているときに会話が聞き取りにくい、騒がしいところでの会話がよく聞こえない、などを経験するようになります。そうすると、自分だけ会話に加われず取り残されてしまう、話の内容が自分だけわからず後から確認せざるを得ない、など社会的な参加が難しくなってしまいます。

第三に、コミュニケーションでの失敗から、対人関係の行き違いやトラブルが生じることがあります。待ち合わせの日時を聞き間違えて友だちとの約束を結果的にすっぽかしたかたちになってしまう、呼ばれたことに気が付かず「無視された」と人を怒らせてしまう、話を聞き落としたことに気が付かず人の話をきちんと聞いていないと叱責を受ける、などがあげられます。

このように、難聴になるとコミュニケーションの失敗から社会への参加が難しくなるだけでなく、対人関係のトラブルにもつながりかねないのです。そのため、難聴ではない周囲の人びと（健聴者）がどれだけ難聴者の問題を理解できるか、どれだけ必要な配慮や支援ができるかはとても大事な要因になると思います。

難聴者に求められるソーシャルサポート

難聴であることが元で心の健康を損ねることがないよう、さまざまな手だてを取る必要があります。たとえば、聞こえにくいために日常生活で困りごとを抱えている難聴者に周囲の人びとが必要な援助（ソーシャルサポート）をすることが考えられます。

ところが、聞こえにくいために日常生活でさまざまな困りごとがあったり、ストレスを感じていたりしても、どのようなサポートが必要で誰に求めたらよいか難聴者自身がわからない場合があります。そのためにサポートを求めず一人で抱え込んでしまうことになります。すると、周囲の人びともサポートを必要とする人が身近にいることに気づかないため、サポートをおこなわないままとなってしまいます。また、難聴者からサポートを求められているとわかっていても、提供したサポートが難聴者の望むものとは異なるために問題が解決されない、という問題があります。

たとえば、テレビについて考えてみます。難聴になると、テレビの音声が聞こえにくいことが多く、ボリュームを大きくして家族などから苦情を言われることがあります。テレビのボリュームを上げることは、難聴があることの目安としてよく使われる行為です。難聴があっても家族とともにテレビを楽しみたい場合、ボリュームを上げる以外に聞こえを補う必要な手段を知っていれば家族とともに楽しむことができるでしょう。

その一つにテレビの字幕機能があります。テレビの音声が聞こえにくい場合、リモコンの「字幕」のボタンを押せば、テレビの画面に字幕が表示されることを知らない人は意外に多いようです。字幕ボタンがあることを知らなければ、よく聞こえないままテレビを見ることになり、十分に楽しむことができずに不便を強いられることになります。ボリュームを大きくしなくても、特別な機器を導入しなくても、リモコンの字幕ボタンを押せば画面に文字が表示されてテレビを楽しめる、という情報を難聴者当人に届くようにする必要があるのです（最近ではテレビ用の聞こえやすいスピーカーも開発されています）。

また、要約筆記・文字通訳とよばれる難聴者対象のサービスがあります。これらは発話を手書きやキーボードでタイプして文字にして難聴者に伝えるサービスです。さらに、スマートフォンやタブレット端末に話しかけると音声を認識して文字に変換するアプリ（「ＵＤトーク」「Google音声文字変換」など）も開発されています。こうしたサービスやアプリがあることも難聴者や周囲の人びとが知らなければ活用することができません。これらのサービスを広くＰＲしたり、活用方法を案内したりするサポートが必要になります。

このような情報提供のサポートだけでなく、難聴のために日常生活で困りごとや悩みを抱えている方や難聴が進行して不安な気持ちにおかれている方々に対して、心理的な面でのサポートも重要なことといえるでしょう。

難聴者と関わる人びとへのサポートの必要性

家族や友人、職場の同僚など難聴者と関わる人びとの中には、難聴者とのよりよい関わり方やサポートの仕方がわからずに困難を感じる人もいるのではないでしょうか。

たとえば、家族に難聴者がいる場合、意思疎通をスムーズにするためにコミュニケーションのとり方に工夫をする必要があります。ところが、どのようにコミュニケーションをとればよいか難しいところがあります。難聴を持つ家族から「え？」と聞き返されて、前に言った言葉を大きな声でそのまま繰り返すだけだったり、耳元で大きな声で怒鳴ったりする場合があるようです。

言葉の聞き取りにくさを持つ難聴者の場合は、声が大きくなったとしても言葉がはっきり聞こえるとは限りません。大きい声のほうがわかる人もいれば、声が大きいと割れたように聞こえてしまい、かえって話がわからなくなる人もいるのです。むしろ、ゆっくり、はっきりとした話し方をしたり、要点を箇条書きやキーワードで書きながら話したりするほうがわかりやすく伝えられる場合があります。

そこで、難聴者とのよりよいコミュニケーションのとり方の工夫、知恵を共有し、誰でも使えるようにすることが必要でしょう。たとえば、東京都中途失聴・難聴者協会による「中途失聴・難聴者と家族のための聞こえのハンドブック」には、聞こえを補う手段や相談機関などのさまざまな情報が提供されています。新型コロナウイルスへの対応を想定した「新しい生活様式」の中で、難聴者がコミュニケーションに困難を感じずに生活するための対策も今後の課題といえます。

また、難聴を持つ人びとや家族が集まり、お互いの困りごとや悩みごと、コミュニケーションなど生活上の工夫を話し合う交流会もおこなわれています。筆者も、難聴がある方々の交流会に参加したり、「きこえカフェ」という難聴者の交流会を主催したりしたことがあります。ふだんは周りに自分と同じような難聴者がいないために、難聴で困ったことに対する解決法がわからない難聴者も、他の難聴者と交流することでさまざまな情報を得られたり、生活上の工夫を考えるヒントを得られたりすることができます。それだけでなく、自分以外の難聴者の姿をみて励みになったり、前向きな気持ちになれたりすることも期待できます[12]。

こうした実践によって、誰にでもわかりやすい方法でコミュニケーションをとる工夫が広められ、誰でも知っている常識になることが求められています。

＊　＊　＊

この章では、日本の難聴者の問題について、現在の状況や難聴者が抱えている問題の実態をみていきました。また、聞こえにくさと心の健康について、どのようなことがわかっているのかをとりあげました。難聴者への支援に関する問題についても考えていきました。日本では潜在的な者も含めて多くの難聴者がいること、日常生活では多様な困難を感じていること、聞こえにくさによって心の健康が損なわれる場合があることを見ていきました。難聴者との関わりで支援や配慮が必要ではあるものの、どのような手段があるのかわからない、どのように支援をすればよいかわからない、など支援や配慮がうまくはたらかない問題があるのが実情です。

難聴は、心の健康だけでなく、認知症のリスク要因ともなることが指摘されています。[13] そのため、補聴器を適切に使用したり、字幕や筆談などの視覚的な情報を活用したり、周囲の人びとが難聴者とのコミュニケーションのとり方を工夫することによって、聞こえにくさをうまく補うことが求められます。

文献・資料

(1) 厚生労働省　身体障害者障害程度等級表（身体障害者福祉法施行規則別表第5号）https://www.mhlw.go.jp/file/06-Seisakujouhou-12200000-Shakaiengokyokushougaihokenfukushibu/0000172197.pdf（２０２０年４月９日アクセス）

(2) 環境省（１９８３）「生活騒音の現状と今後の課題」https://www.env.go.jp/air/ippan/kinrin/attach/1983_09.pdf

(3) World Health Organization (2018) Deafness and hearing loss http://www.who.int/mediacentre/factsheets/fs300/en/（２０１８年９月13日アクセス）

(4) 日本補聴器販売店協会補聴器供給システムの在り方に関する研究会（２００３）「補聴器供給システムの在り方に関する研究」２年次報告書、補聴器供給システムの在り方に関する研究会

(5) 厚生労働省（２０１５）「平成28年生活のしづらさなどに関する調査（全国在宅障害児・者等実態調査）」https://www.mhlw.go.jp/toukei/list/seikatsu_chousa_h28.html（２０１８年９月13日アクセス）

(6) 勝谷紀子（２０１１）難聴のしろうと理論、日本大学文理学部人文科学研究所研究紀要、81、１２３-１３０

(7) 勝谷紀子（２０１４）日本の難聴者におけるストレスと精神的健康の実態―難聴・難聴者への理解を深めるために―、日本心理学会第78回大会発表論文集、４４６

(8) Kaga, K., Nakamura, M., Shinogami, M., Tsuzuku, T., Yamada, K., & Shindo, M. (1996) Auditory nerve disease of both ears revealed by auditory brainstem responses, electrocochleography and otoacoustic emissions. *Scandinavian audiology*, 25(4), 233-238.

(9) 高宮明子・藤田継道（２００５）ＧＨＱ-30による調査からみた難聴者・中途失聴者のメンタルヘルス、特殊教育学研究、43（４）、２７９-２９０

⑽ 滝沢広忠（２００２）聴覚障害学生の精神健康に関する日米比較、札幌学院大学人文学会紀要、71、67–75
⑾ 滝沢広忠（２０００）聴覚障害者の精神健康に関する日米比較、札幌学院大学人文学会紀要、68、33–44
⑿ 勝谷紀子（２０１９）難聴者が自身の難聴およびストレスについて理解を深めるためのプログラム作成の試み：ストレス対処ワークショップ、特殊教育学研究、56（５）、３０５–３１４
⒀ Livingston, G., Sommerlad, A., Orgeta, V., Costafreda, S. G., Huntley, J., Ames, D., ... & Cooper, C. (2017). Dementia prevention, intervention, and care. *The Lancet*, 390(10113), 2673-2734.

難聴者の心の問題を考える前提としておさえておきたいこと

滝沢　広忠

難聴者といってもひとくくりに論じることはできません

聴覚障がい者を難聴者、中途失聴者、ろう者にわけることがあります。とはいえ、さまざまな考え方があって、必ずしも三つのカテゴリーに分類できるというわけではありません。しかしそれぞれ特徴があることも事実です。ここでは難聴者に限定して述べてみたいと思います。

難聴の原因はさまざまです。遺伝、感染などにより生まれる以前から問題があったり、生まれた後、病気・薬剤・アクシデントなどで難聴になる場合もあります。何歳頃発症したのか。聞こえの程度はどれくらいか、それは固定したままなのか進行しているのか。

難聴者を取りまく生活環境はどうなのか。家族はどれだけ理解しているのか。病院や学校で適切に対処してくれたのか。補聴器、筆談・要約筆記などの聴覚補償はどのように活用されているのか。こういったさまざまな要因で難聴の意味は違ってきます。

さらに、難聴者自身の難聴に対する意識がどうなのかという問題もあります。聞こえにくいということは事実であっても、その人がどのようなパーソナリティなのか。何をよりどころにして生きているのか。どのような生き方、つまりライフスタイルを望んでいるのか。それによって難聴の捉え方、受け止め方は違ってくるでしょう。

したがって、難聴者だからという見方ではなく、聞こえづらさを持つ人間として個別に理解していく必要があるように思います。

障がいの発症時期により難聴の意味は異なります

人生の早期（特に言語獲得年齢以前）から難聴がみられる場合、聞こえづらいというハンディを背負いながら成長していくことになり、発達心理学的な問題が生じます。親や周囲の人たちの言葉を聞きのがしても人に指摘されなければ本人は気づきません。周囲の人たちはその子の言動が気になっても、性格的なもの、あるいは精神発達の遅れとして捉え、聞こえにくいためとはなかなか思わないものです。このように、本人も周囲の人たちも難聴に気づきにくく、発見が遅れることがあります。たとえ難聴と診断されても程度が軽い場合、本人が不全感を訴えることは少なく、聞こえないことで発生する対人場面でのトラブルは見逃されやすいのです。思春期に入って徐々に難聴であることを意識するようになり、初めて心の問題として表面化することが多いのではないでしょうか。

成人になった後に難聴が生じた場合、聞こえていたときと聞こえづらくなったときの聴覚機能や能力の差を本人は認知しています。したがってそれだけ精神的なダメージを受けやすいといえます。中途失聴・難聴者のこころの悩みを調査したとき、聞こえなくなったときのことを、「晴天の霹靂」「足元が崩れ落ちたような絶望感」「底なし沼に引きずりこまれるような気持ち」「目の前が真っ暗になり、生きていても仕方ないと思った」と回答した人がいました[1]。このような状況から、自己評価は低下し、自信を喪失したり、自閉的になって孤立することも考えられます。

高年齢になって耳が聞こえにくくなることはそれほどおかしなことではありません（難聴有病率は、男性の65～69歳、70～74歳、75～79歳、80歳以上の年齢群順に、43・7%、51・1%、71・4%、84・3%で、女性では27・7%、41・8%、67・3%、73・3%という報告があります[2]）。年齢を重ねるにつれ音の伝導経路が徐々に老化していくためです。最初に高音が聞こえにくくなります（蝸牛内にある神経細胞は、入口に近いほうが周波数の高い音、奥にいくほど周波数の低い音を感受します）。

歳をとってからの難聴を加齢性（老人性）難聴といいますが、障がいという視点から捉えてよいのか疑問もあります（自分から「耳が遠い」といっても、「難聴者だ」とはあまりいわないでしょう)。エイジングの一つの現象として、他の身体機能も含めて総合的に見ていく必要があるように思います。

難聴のパターン、伝音難聴・感音難聴の違い

聴力はオージオメータで測定します。測定した値は、オージオグラム〈たて軸に音の強さ〈デシベル値〉、よこ軸に音の高さ〈周波数〉をとった聴力図〉で表示します。日常会話の声の大きさはだいたい50〜60デシベルといわれています。

難聴者のオージオグラムにはいくつかのパターンがみられます。高音障がい型(グラフは、周波数が右肩下がりに落ちていく)、低音障がい型、山型、谷型、ディップ型(特定の周波数の音のみ落ち込む)、水平型などに分類することが可能です。これらのパターンによってある程度難聴の原因を推測することができます。一般的に、加齢性難聴のように進行性のものは高音障がい型、突発性難聴とか音響外傷が原因で難聴になる場合は谷型あるいはディップ型が多いといわれています。

音が聞こえるといっても、歯切れよく明瞭に聞こえる場合と、くぐもるような不明瞭な音として聞こえる場合があります。これが伝音難聴、感音難聴の違いです。音の振動伝達のメカニズムによって異なります。音は気導(空気を通して、外耳、鼓膜、中耳、内耳と伝わっていく)だけではなく、骨導(頭蓋骨に直接音が伝わって内耳まで届く)を通しても聞こえます。

オージオグラムで聴力が落ち込んでいても骨導の検査で骨導聴力の値が正常であれば中耳に異常があると考えられます。これが伝音難聴です。補聴器で音を増幅すれば、日常生活に支障を来たさない程度に聞こえるようになります。

気導聴力、骨導聴力ともに値が低下していれば、感音難聴といえます。内耳から伝わる音は蝸牛内の神経細胞(有毛細胞)で電気信号に変換され、それがシナプスを介して聴神経に運ばれて脳に伝わり言葉として認識されます。もし何らかの障がいで聴神経に信号がうまく伝わらないと、音は聞こえても何をいっているのかよくわからないという状態になります。これが感音難聴です。こうなると音圧を補償しただけでは音の聞き取りはむずかしく、軽度の難聴であっても補聴器があまり役に立たないということがあります。高齢者には感音難聴が多いと

言われています（第2章参照）。

なお、実際は両者が合併している混合性難聴が多いようです。いずれにしろ、聞こえ方がどうなのかによって心理的影響もまた違ってきます。

難聴者はどのような状況のなかで生活しているのか

難聴者は日常生活において、あるいは学校や職場でさまざまな困難に遭遇します。といっても難聴が問題となるのは他との関係においてです。自分の部屋で本を読んでいる限りまったく障がいはありませんし、一人で車を運転しているときも別に困りません。対人場面、特に家族との団欒や親しい友人たちとの会話で辛い思いをします。居間でくつろいでいても、急に話題が変わってまごついたり、みんなの笑いに戸惑いを感じることがあります。声の大きさが同じでも、単語やフレーズによっては聞き取りにくいことがあるのです。そのため話がかみ合わなかったり、トラブルを起こしたりします。買い物では店員とのやりとりでぎくしゃくすることもあります。病院での診察は、命にかかわることがあるだけに辛い経験です。職場の会議ではよく聞こえないために議題についていけず苦慮します。発言を求められておろおろしたり、自分の意見を言いたくても言いそびれてしまうこともあるでしょう。大勢の人たちが集まる講演会も苦手です。このようにみていくと、聞こえないことよりコミュニケーション障がいといえるかもしれません。

外部から聞こえてくる音や声がよくわからなくて困ることもあります。インターフォンの音がよく聞こえなかったり、テレビの緊急放送に気づかないこともあります。イベント会場や交通機関でのアナウンスも聞こえづらいです。外出するとき、車道の車には気をつけますが、歩道の後ろから走ってくる自転車には身の危険を感じることすらあります。

聴者には自然と聞こえてくる周囲の音に気づかないこともあります。部屋にいて「雨だね」と言われて驚いたり、喫茶店で流れている音楽に気づかず、「いい曲ね」と言われて戸惑うこともあります。また、外を散歩していて鳥のさえずりや虫の鳴く声に気づかず、寂しい思いをすることもあります。かといえば、補聴器をつけて道路を歩いているとき、あるいはレストラン、乗り物の中など騒々しいところでは、周囲の音がうるさくて人の声がよく聞き取れず苦慮することもあります。

このように難聴者は、聴者が何ら努力することもなく自然に聞こえる音や声が聞きづらくて思い悩んでいます。聴者が当たり前だと思っていることが、難聴者にとっては当たり前ではないのです。極端にいえば、難聴者は聴者と生きている環境世界が違う、といえるかもしれません。

難聴者の態度と心理的な反応

難聴者は外見上聴者と区別がつかないこともあり、自分から耳が悪いことをあまり他人に話しません（わかるように補聴器をつけている人も、隠している人もいます）。恥ずかしい気持ちがあり、障がい者として扱われることに抵抗があるからでしょう。人に嫌われたくないという気持ちもあります。カミングアウトには勇気がいります。

このようにさまざまな心理が働き、難聴に気づかれないよう振る舞うことがあります。話している内容がよく理解できなくても聞こえなかったとは言えず、つい生返事をしたり、勝手に判断して相槌を打ったりすることがあります。あるいは無関心を装って人を避けることもあります。対人場面でこのようなあいまいな態度をとっていると、聴者に不信感をもたれたり、いい加減な人間のように思われたり、信用を失うこともあります。他者と普通にコミュニケーションをとることがむずかしく、情報を正しく受け取れないために不全感に陥ったり、その場を共有できず疎外感や孤立感を深めていくこともあります。

聞こえなかったら聞き返せばよいではないか、と聴者は当たり前のように思うかもしれません。しかし、聞こえない状況が度重なるとなかなか言いづらいものですし、相手に迷惑をかけるようでつい遠慮してしまいます。逆に聞こえないと思って大きな声でゆっくり話す聴者もいますが、大勢人がいる前でそのような対応をされると、恥ずかしい気持ちになる難聴者もいます。相手が話しにくそうにしている態度は敏感に気づきます。このように対人場面ではギクシャクしていていつも構えてしまい、緊張しているのが難聴者です。決して人間嫌いではなかったのに他者とのコミュニケーションがうまくとれないために悩み、外出を控えるようになったりします。

難聴者は普通に話せますので聞こえづらいことをなかなか理解してもらえません。そのため誤解や偏見の目で見られることもあります。「よく聞こえません」といっても、返事をしたのだから聞こえていると思われてしまいます。声は聞こえても何を話しているのかわからない、という現象はなかなか理解してもらえません。そして、誤解を解きたくてもできない自分にはがゆさを感じたり、虚しくなったりします。

生活を共にしている聴者に聞こえている音が自分には十分聞こえていないという体験は疎外感を生みます。このような状況について本人は自覚していることが多く、内心自分に無力感を感じてしまいます。

もちろん個人差はありますし、このような状況は日常生活の一部に過ぎないかもしれません。けれども聞こえづらくて恥ずかしい経験をしたことのない難聴者はいないでしょう。難聴者はたえずこのような意識を持ちながら生活しているということを理解しておく必要があります。

＊　＊　＊

このように見ていくと、難聴者のストレスはかなり大きいといえます。軽度の難聴だから悩みが少ない、というわけではありません。難聴者よりろう者（重度難聴）のほうが、精神的健康度が高いという研究もあります。[3] ろう者はろう者としてのアイデンティティを持って生きているからでしょう。それに対して難聴者はアイデンティティを持ちにくいといえるのかもしれません。障がいが外から見えにくいため他者から誤解されやすく、「聞こえる」ということを知っているだけに苦悩は深刻といえます。

もちろんパーソナリティの違いによって捉え方は異なり、一般化はできませんが、聞こえづらさをかかえてどう生きるか、ということが大きな課題といえます。

文献

(1) 滝沢広忠（1995）聴覚障害者の心理的諸問題―中途失聴・難聴者のこころの悩みに関する調査から―、札幌学院大学人文学部紀要、58、23-36
(2) 内田育恵・杉浦彩子・中島務・安藤富士子・下方浩史（2012）全国高齢難聴者数推計と10年後の年齢別難聴発症率―老化に関する長期縦断疫学研究（NILS-LSA）より、日本老年医学会雑誌、49(2)、222-227
(3) 滝沢広忠（2000）聴覚障害者の精神健康調査、臨床精神医学、29(3)、307-312

第2章　難聴の原因と対策

岡本　康秀

聴覚は感覚器の一つであり、外界の状況・危険を把握する一つの重要な器官です。「音を感じる感覚」は、音がどこで鳴っているのか（方向感）、そしてその音は何の音なのか（音の識別）といった情報を得るための基本的な機能であるとともに、ヒトでは言語というコミュニケーションとしてのツールを駆使するための重要な役割を持ちます。そのため、聴覚が悪くなると、環境音が聞こえなくなるだけでなく、言葉が聞き取りにくくなり言語コミュニケーションが困難となります。これが難聴者にとって一番の問題です。

音や言葉は、空気中を伝わってきた音の振動が外耳から入り、中耳、内耳、聴神経、脳幹を経由して大脳に到達することで認識されます。この過程のいずれかに問題がある場合に、音が聞こえにくい感覚が生じ「難聴」が自覚されます。ここでは、音の伝導路を、聴器の解剖として、①外耳、②中耳、③内耳から蝸牛神経（聴神経）に分け、それぞれの部位の具体的な疾患をあげて概説し、また、難聴に対しての補償に用いられる補聴器がどのような効果を発揮するのかも併せて解説します。

難聴の種類

音や音声は順番に外耳、中耳、内耳、蝸牛神経、脳幹、大脳聴覚野の順で伝わります。音の伝わるイメージを図1に示します。右耳に入った音や音声は蝸牛神経核から以降、左側（対側）の脳幹を上行し左の聴覚野に伝わる経路が主ですが、右側（同側）を上行し右の聴覚野にも伝わる経路もあります。そしてこの脳幹から以降では左右の神経がお互い交通しているため中枢への音の伝達路は複雑です。しかし簡単に理解するために図1のように対側優位の伝わり方をすると覚えて良いかと思います。

この音の伝わる過程のどこに問題があっても難聴が生じます。一般的に難聴は、図2のように伝音難聴、感音難聴（内耳性難聴と後迷路性難聴）、中枢性難聴に分類されています。外耳、中耳の問題で難聴を起こすものを伝音難聴とし、内耳・蝸牛神経以降の問題で難聴を起こすものを感音難聴と分類します。感音難聴はさらに、内耳の障害でおきるものを内耳性難聴、内耳から蝸牛神経の障害でおきるものを後迷路性難聴とします。耳の

右耳からの音・音声が入ってきたときの聴覚経路
対側を上行するが同側も上行する。

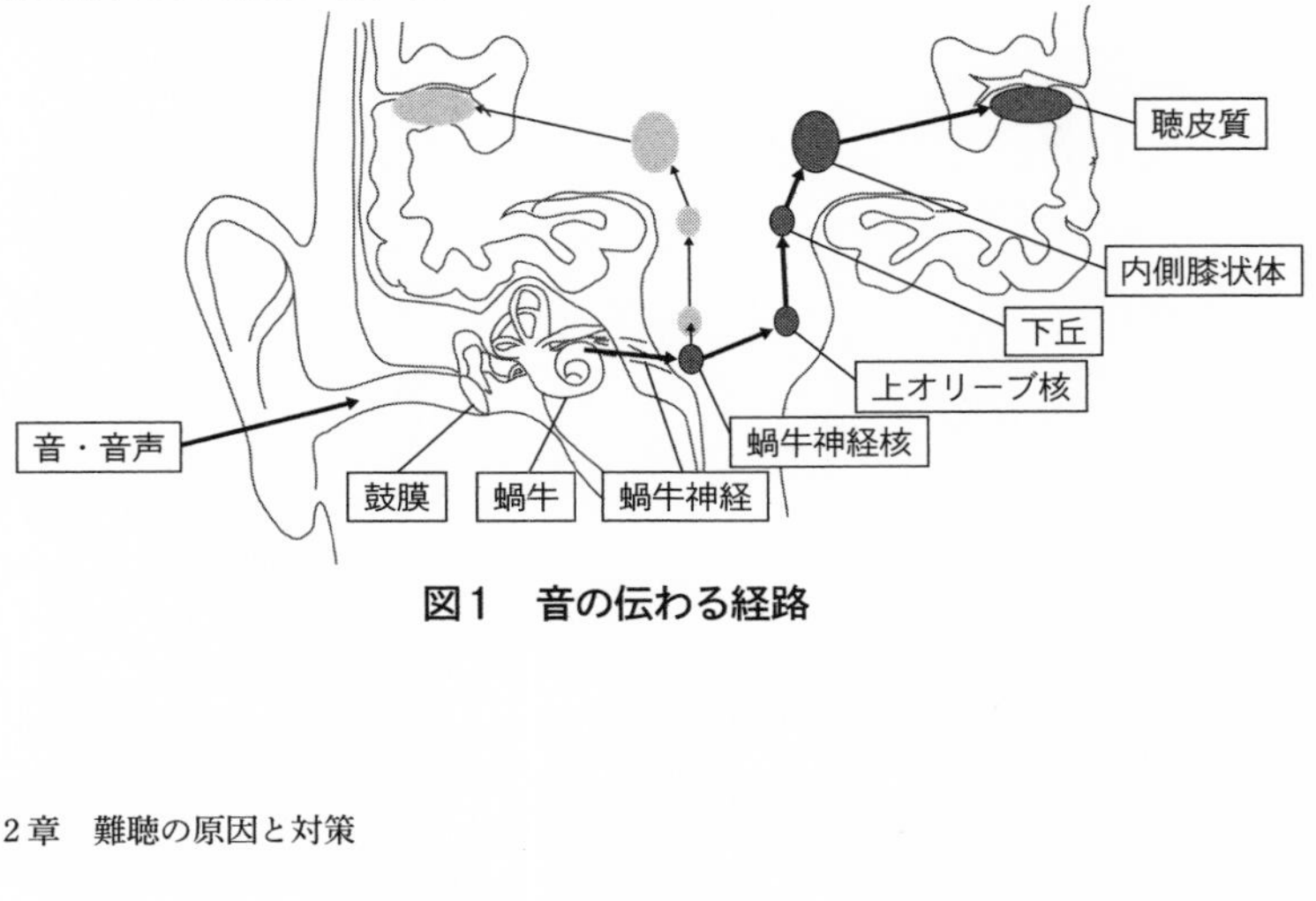

図1　音の伝わる経路

		障害の部位	代表疾患
伝音難聴		……外耳、中耳	外耳道閉鎖症、耳垢塞栓、中耳炎など
感音難聴	内耳性難聴	……内耳	老人性難聴、突発性難聴、メニエール病など
	後迷路性難聴	……内有毛細胞から蝸牛神経以降	老人性難聴、Auditory Neuropathy、聴神経腫瘍など
中枢性難聴		……脳幹から大脳	脳（幹）梗塞、脳腫瘍など
その他	機能性難聴		
	聴覚情報処理障害		
	……など		

図2　難聴の分類

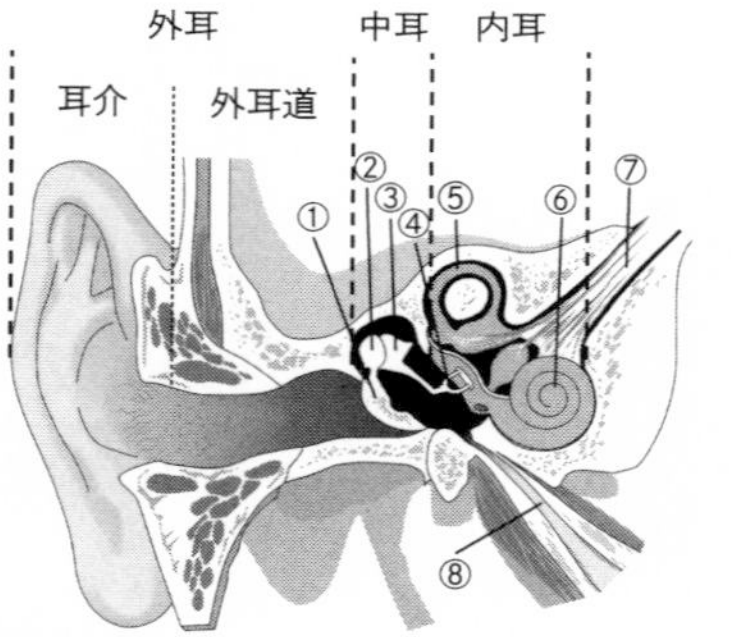

耳の構造
①鼓膜　②ツチ骨　③キヌタ骨　④アブミ骨
⑤半規管　⑥蝸牛　⑦蝸牛神経（聴神経）　⑧耳管

図3　耳の構造

構造（図3）と併せてみてみるとわかりやすいでしょう。しかし、最初に述べたように脳幹から大脳の病変は非常に複雑で、実際難聴が表面化しないことも多いため、今回は中枢性難聴を省くことにします。

一方、上記のような音の伝わる経路に何も問題がないにもかかわらず、聴力検査をすると正常聴力とならないような機能性難聴（心因性難聴など）や、聴力検査で正常と判断されるのに聞こえにくさだけを感じているような聴覚情報処理障害など、難聴との判断が難しいものも存在します。

以下、それぞれの聴覚経路を順番に見ていくことにします。

外耳

外耳は耳介と外耳道を指します。外耳の機能には、音を大きくする作用や音の方向感を感じる機能があります。手を耳介に近づける仕草をするだけでも音が大きく聞こえることは経験したことがあるでしょう。また、頭部の影響で左右の耳介に到達する音の大きさ・時間差によって音の方向感が得られます。つまり音で空間の認識をしているのです。両眼を使って立体視するように両耳でも同様に空間が認識され、両耳で聴くことの重要性はよく理解していただけるでしょう。

〈外耳の疾患〉

耳介と外耳道に障害を持つ疾患として、耳介奇形（耳介形成不全）や外耳道閉鎖・狭窄が挙げられますが、これらは合併することもあります。生まれつきの場合が多いのですが、事故などで耳介がなくなったり、外耳道炎などの高度の炎症などでも狭窄を生じることもあります。生まれつきの耳介奇形では、形成外科で耳介形成術を受ける場合もありますが、外耳道閉鎖では外耳道形成の手術は極めて難しいのです。

また、耳垢によって外耳道の塞栓・閉鎖をきたす耳垢塞栓症などもありますが、高度の場合は耳鼻咽喉科で除去するだけで改善します。外耳が炎症を起こす場合外耳炎と診断されますが、高度の場合は抗生剤などの薬物療法が必要になる場合もあります。

これらの疾患は音が中耳・内耳へ伝わらないことが問題であるので、伝音難聴となります。

〈外耳疾患における補聴器の選択〉

補聴器は通常の補聴器（一般に販売されているデジタル補聴器で、形状は耳かけ型や耳穴型が選択できます。次頁参照）が適応となります。しかし、外耳や外耳道に問題がある場合は工夫が必要です。耳介形成不全の場合は耳に補聴器を掛けられないために耳かけ型は難しく、外耳道閉鎖の場合は外耳道に入らないために耳穴型は難しく、そのため骨導補聴器が選択されます。骨導補聴器はスピーカー部分が通常のスピーカーではなく振動子となっています。この振動子を圧着させることで側頭骨を直接振動させ内耳に振動として音を伝えます。つまり骨伝導を利用した補聴器です。振動子を耳周囲の皮膚に圧着することが必要となるため、カチューシャ型やめがね型などの形状が販売されています。ただし、振動子の圧着による皮膚のトラブルが起きやすいことが問題となるため、最近では軟骨伝導補聴器も選択できるようになりました。これは骨導補聴器と同じようにスピーカー部分に振動子を用いますが、骨導補聴器とは違い圧電素子という特殊な振動子を用います。軟骨導補聴器は耳介軟骨にテープで接着するだけで良く、骨導補聴器のように圧着を必要としないため皮膚のトラブルが生じにくいのですが、一般の補聴器店での購入はできないため耳鼻咽喉科を受診し検査を受けながら装用する必要があります。

補聴器の種類

補聴器は難聴の特徴によって選択します。図４は代表的な補聴器の種類です。

補聴器は本体、耳栓、機能で構成されます。本体には電池、マイク、そして音を増幅する装置が組み込まれています。耳栓は外耳や外耳道の形状で選択しますが、高度以上の難聴の場合にはハウリング（ピーピー音）が生じるために耳の形を採取しそれぞれの耳の形に合わせた耳栓を作成します。一方、補聴器に内蔵されている機能面では、デジタルやアナログといった音を大きくする方法や、指向性、雑音抑制機能、スマートフォン連動機能、リモコン機能など、さまざまな環境や使用目的に応じた機能も選択できます。これら本体と耳栓、機能を組み合わせることで、さまざまな難聴に対応することができるのです。

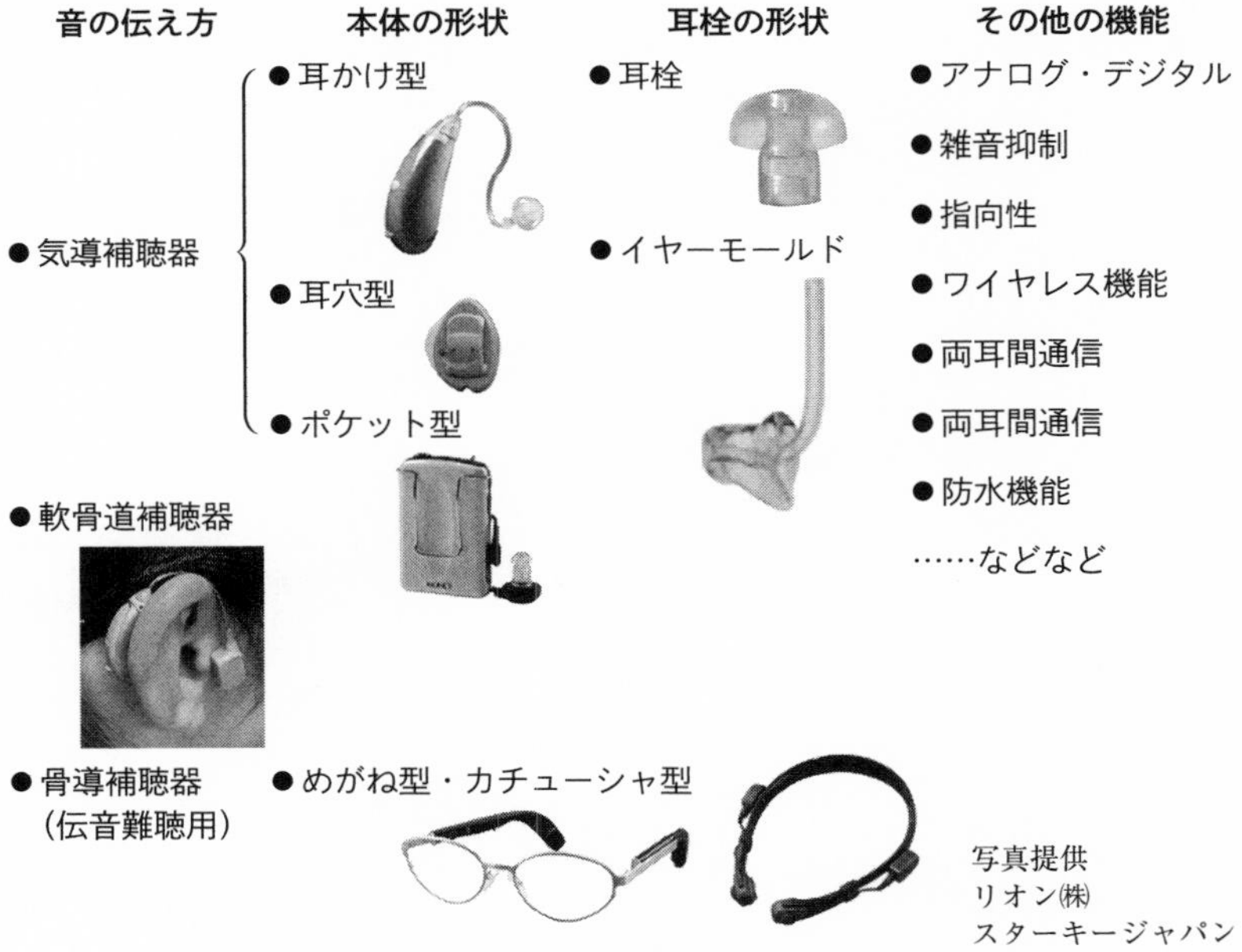

図４　補聴器の種類

中耳

中耳は、鼓膜、耳小骨、（ツチ骨、キヌタ骨、アブミ骨）、中耳腔（鼓室）、乳突蜂巣、耳管で構成されます（図3）。外耳から入る音の空気振動を、鼓膜から耳小骨を通して骨の振動に変換し内耳に伝えるための変換器の役割を持っています。

一方、乳突蜂巣や耳管は、中耳腔の換気と圧調節を行う重要な器官です。例えば、飛行機が高度を下げて着陸体勢に入った際、誰しもが耳閉感や難聴感を自覚するのは飛行機の高度が下がることで鼓膜にかかる大気圧が上昇し、それによって鼓膜が内陥し鼓膜の振動が抑制されるためです。この感覚を解消するために、嚥下やあくび、耳抜き（鼻をつまんで中耳へ強制的に空気を入れること）を行うことで、耳管を通して中耳圧調整をすることができるのです。

〈中耳の疾患〉

中耳における疾患の代表は中耳炎です。中耳炎はその原因はさまざまですが、感染性の中耳炎（急性中耳炎や慢性中耳炎）、骨を溶かし破壊する真珠腫性中耳炎などが挙げられます。

感染性の中耳炎では、中耳腔に膿が溜まったり、鼓膜に穴があく（鼓膜穿孔、図5）ことで難聴が生じます。感染のない難聴として、耳小骨の動きが悪くなり音の振動が内耳に伝えられない難聴、例えば、鼓室硬化症や耳硬化症、先天性の耳小骨奇形（中耳奇形）などが挙げられます。逆に、外傷により耳小骨の連鎖が離断してしまい音の振動が伝えられない難聴もあります。

これらの中耳の疾患は、鼓膜から内耳へ振動が伝わらないため伝音難聴に分類されます。中耳の疾患にともなう伝音難聴は基本的に手術による聴力改善が期待できるものです。具体的には鼓膜の穿孔を閉鎖する鼓膜形成術や、耳小骨の連鎖を再建（伝音再建）する鼓室形成術などがあります。

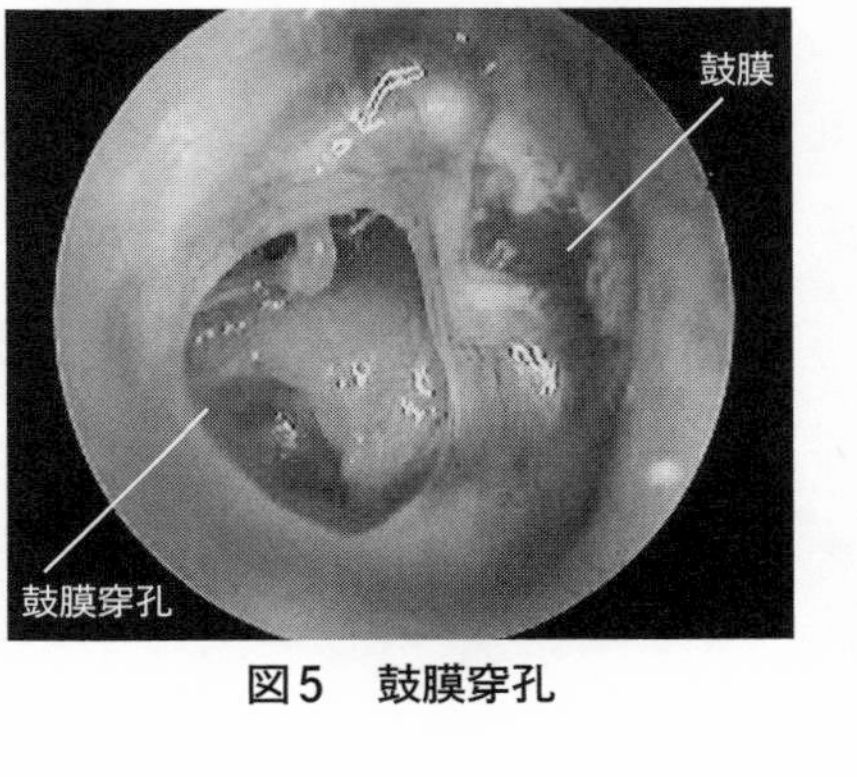

図5　鼓膜穿孔

〈中耳疾患における補聴器の選択〉

手術でも改善できない伝音難聴に対しては、通常のデジタル補聴器は非常によい適応になるでしょう。中耳で音が伝わらない分（減衰している分）を補聴器で増幅することで聴力を補償できます。

しかし、頻度は少ないながら難治性の中耳炎などで補聴器が使えないような症例などには、最近では埋込型補聴器（Baha®、コクレア社）や人工中耳（Vibrant Soundbridge®：VSB、メドエル社）などの技術の適応が広がってきています。ただし両者ともに耳鼻咽喉科で埋め込みの手術が必要となります。

Baha®は、頭蓋骨にチタン製の振動子を手術で埋め込みます。この技術は歯科治療で用いられているインプラントと同様の原理で、頭蓋骨に埋め込まれた振動子から骨伝導で音を聴取する機器です。そのため、中耳疾患だけで無く外耳道が閉鎖しているような伝音難聴にも有効です（図6）。

ＶＳＢの場合は、中耳内に振動子を埋め込むタイプのもので、こちらも埋め込むための手術が必要です。耳小骨のアブミ骨や内耳の蝸牛に直接振動子を接触させることで音を伝える方法で、内耳に伝える機器です（図7）。

これらの埋込型補聴器と人工中耳については、日本耳科学会の指針を参照してください。

内耳から蝸牛神経

内耳は聴覚系の蝸牛と、平衡覚系の前庭および三半規管に分けられます。これらは互いに交通しており内耳液で満たされています。聴覚系の蝸牛はその名の通りカタツムリの形をした約2回転半（全長約33㎜）の構造です（図3）。この蝸牛の中に基底板（基底膜）があり、基底板上にコルチ器（ラセン器）がのっています（図8）。コルチ器には外有毛細胞が3－4列（約1万2000個）と内有毛細胞が一列（約3500個）配列され、これらの有毛細胞が音の周波数分析を行います。具体的には、蝸牛の基底回転（下の回転）が高音域である2万Hzから始まり、頂回転（上の回転）の低音域である20Hzまで感じ

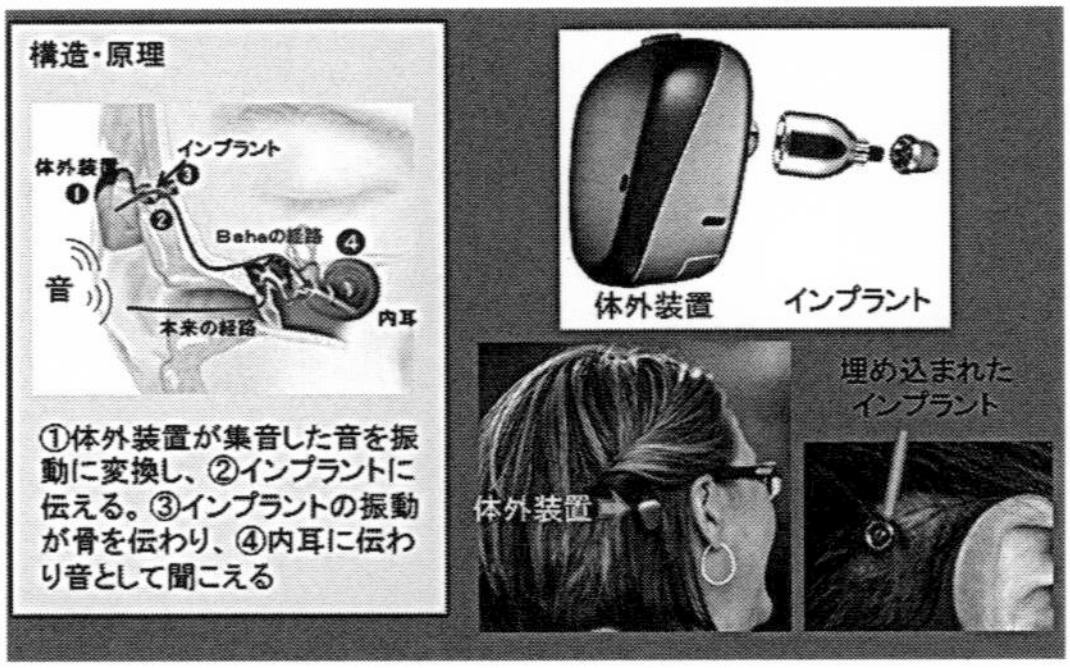

図6　Baha®について

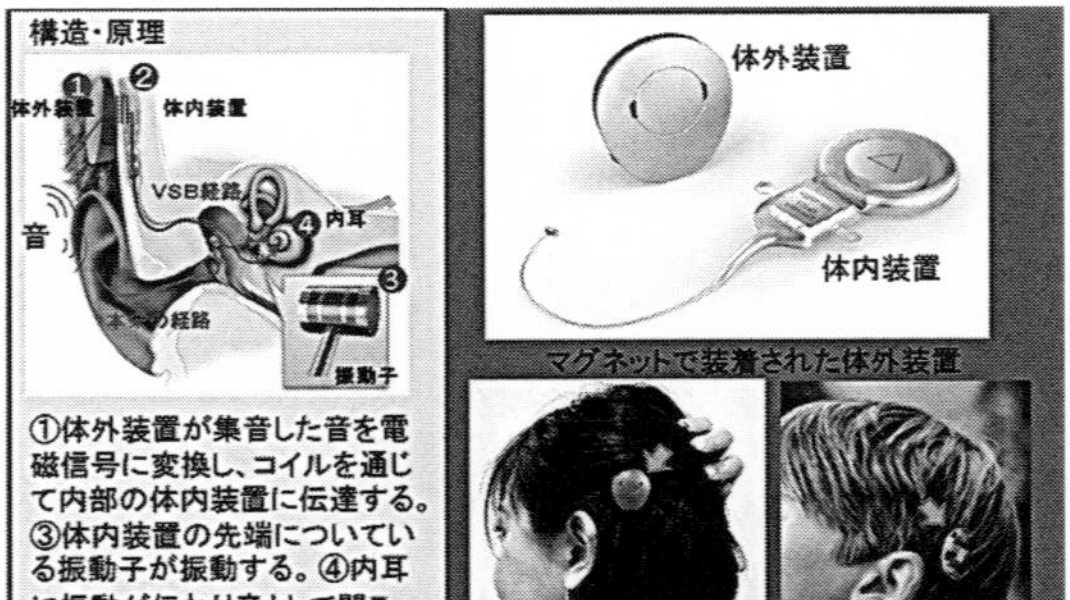

図7　VSBについて

いずれも日本耳鼻咽喉科学会ホームページより
http://www.jibika.or.jp/citizens/hochouki/sentaku.html

る有毛細胞が順序よく配列されています（図９）。有毛細胞には二種類の異なったタイプがあり、外有毛細胞と内有毛細胞と呼ばれます。この外有毛細胞と内有毛細胞では働きが違っていて、外有毛細胞は内耳に到達した音の振動を増幅し周波数分析をする働きがあり、内有毛細胞は外有毛細胞で分析された周波数情報を聴神経（蝸牛神経）に送る働きをします。この中枢への伝達路である蝸牛神経は内耳道内を通り、脳幹を上行し聴覚野に達します。

もう少し詳しく言えば、内有毛細胞から蝸牛神経ではシナプスを介して神経発火の頻度で周波数情報や時間情報を伝達することで言葉などの変化に富む情報を理解することができるのです。また一方では、脳幹で左右の耳から入る音情報を分析し音の出ている方向性を認識し、音による空間の認知、

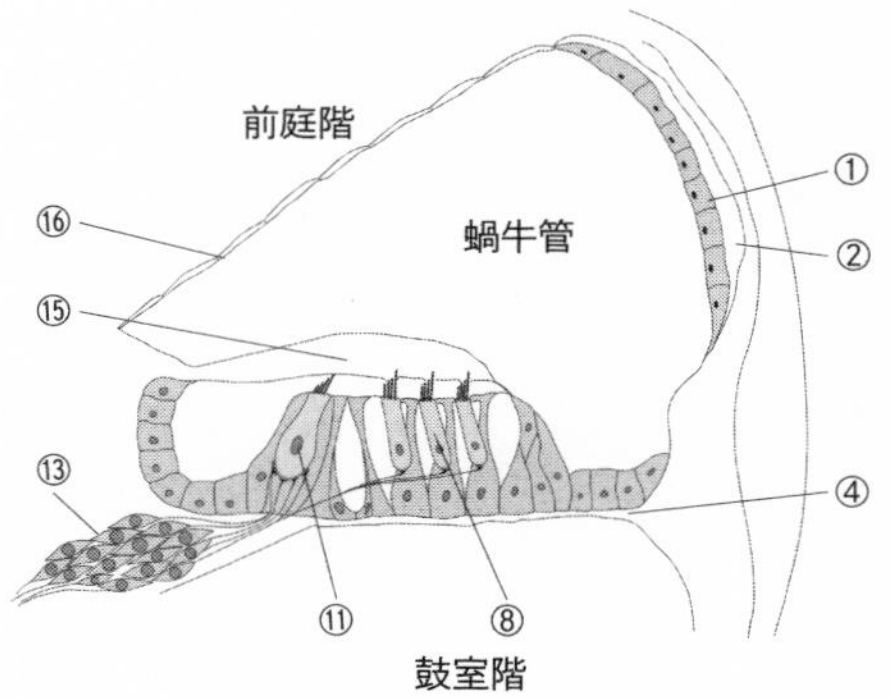

①血管条　②らせん靱帯
④基底板　⑧外有毛細胞　⑪内有毛細胞
⑬らせん神経節　⑮蓋膜　⑯ライスネル膜

図８　内耳コルチ器

B.C.J. ムーア著、大串健吾監訳、聴覚心理学概論、誠信書房

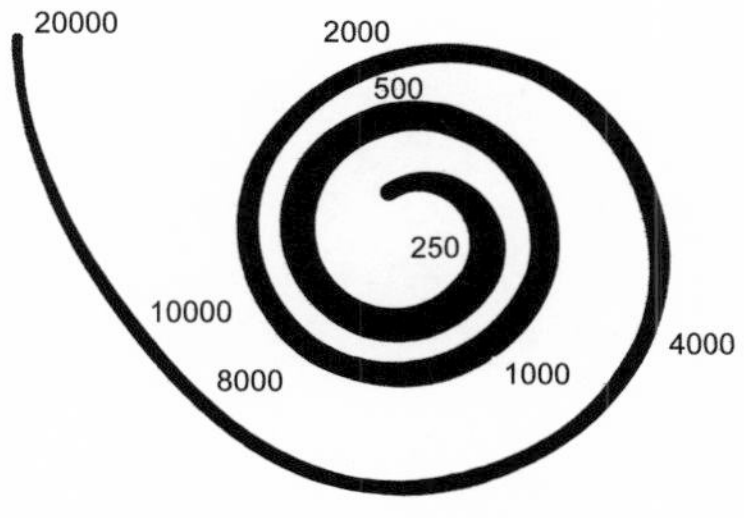

蝸牛の場所によって感じる周波数がおおよそ決まっている。基底回転は高音域、蝸牛頂にかけて低音域を感じている。

図９　蝸牛のそれぞれの位置と周波数の関係

野村恭也著、新耳科学アトラス４版、MARUZEN

つまり、音源定位や方向感を感じとっているのです。

〈内耳性難聴の疾患〉

中耳の疾患による難聴は、伝音難聴に分類されますが、内耳の障害による難聴は感音難聴に分類されます。さらに感音難聴は、内耳性難聴と、聴神経以降の障害による難聴である後迷路性難聴に区別されます。ここでは感音難聴における内耳性難聴をひきおこす疾患について概説します。

内耳性の難聴を呈する代表は老人性難聴でしょう。加齢により内耳の有毛細胞が劣化することで神経細胞の働きが衰えることが原因です。現時点では老人性難聴に対する治療法はありません。

一方、急性の内耳障害を引き起こす疾患として、突発性難聴やメニエール病などが挙げられます。突発性難聴の病態としては内耳血流障害や炎症などが考えられていますが、原因ははっきりしていません。メニエール病は内リンパ水腫とも言われているように、内耳のリンパ液の圧上昇が原因で有毛細胞などの神経ダメージが生じるもの。その他、大きな音を聞いた後に起きる難聴として、音響外傷性の感音難聴も挙げられます。大きな音の曝露によってその振動が内耳に伝わり、外有毛細胞の毛の部分を壊すことが難聴の原因とされています。このような急性の内耳障害では通常ステロイド投与が行われ、内耳の炎症を取り除き神経保護を目的に治療が行われます。

その他、難聴遺伝子が関与している内耳性難聴もあります。頻度の多いものとして*GJB2*遺伝子変異などが挙げられますが、内耳有毛細胞が必要とするエネルギーが遺伝子変異によって産生されなくなることで難聴がひき起こされます。このような難聴遺伝子は多数報告されています。

このように内耳性の難聴を呈するものは有毛細胞、特に外有毛細胞に由来する病態が多いのです。外有毛細胞が障害される疾患では、外有毛細胞自体に再生能力がないため、残念なことに一度高度に障害を受けると外有毛細胞の機能は永続的に失われ、後遺症として難聴が残ります。そのため聴覚閾値が上昇し周波数分析が曖昧となり聞き取りが悪い（はっきり聞こえない）状態が続くことになるのです。

一方、内有毛細胞の障害では、内有毛細胞から蝸牛神経にシナプスを介して情報を送ることが障害されるため、外有毛細胞と違い音の時間的な情報が正しく伝わりません。この内有毛細胞から聴神経（蝸牛神経）への伝達が障害されると後迷路性難聴となり、外有毛細胞の障害とは異なる難聴の感覚が生じます（この疾患群は後迷路性難聴の項で概説）。

まとめると、感音難聴における外有毛細胞の障害では、音の振動を外有毛細胞で増幅することができなくなることにより聴力閾値が低下し、周波数の弁別が困難となります。一方、内有毛細胞の障害では音情報を中枢へ伝達できなくなるため、聴力閾値が低下に加え音が雑音のような音になって伝わってしまいます。そのため音声などが雑音のような音（歪む、響く、エコーがかかる、割れる……など）に変わって聞こえ、言葉として認識しにくくなってしまうのです。

有毛細胞障害であったとしても内・外それぞれの障害で聴いている音の感覚はずいぶん違い、一口に「難聴」といっても人それぞれ音の聞こえ方が違うということです。

〈内耳疾患における補聴器の選択〉

伝音難聴に加えて、感音難聴を引き起こす内耳障害でも補聴器が非常に良く適応されます。特に、外有毛細胞の障害では有毛細胞の増幅機能が障害されるため、その増幅分を補聴器で補償することができます。通常、補聴器専門店で販売されている補聴器はほぼこのタイプの難聴をカバーしているため、選択肢も多くあります。しかし、音を大きくすれば良い伝音難聴に対して、音のセンサーつまり外有毛細胞が障害される感音難聴では、音の周波数弁別が曖昧になり、音の響き感（補充現象、リクルートメント現象）が出るため、単純に音を大きくすればすぐ快適に聞こえる、というようにはならないことが多いのです。そのため補聴器装用後数か月は補聴器で大きくした音に対する「聴覚トレーニング」が必要となります。重要なのは、感音難聴における補聴器は「聞こえに対するリハビリテーション」であることを十分理解した上でトレーニングすることです。そのため、補聴器は必ず医師の助言を聞きながら、補聴器専門店の補聴器認定技能士に相談し購入をする必要があります。通販や購入後フォローのできない補聴器購入は勧められないし、するべきではありません。

内耳障害が高度になり、外有毛細胞も内有毛細胞も高度に障害を受けて聾になる場合は、補聴器でどんなに音を大きくして

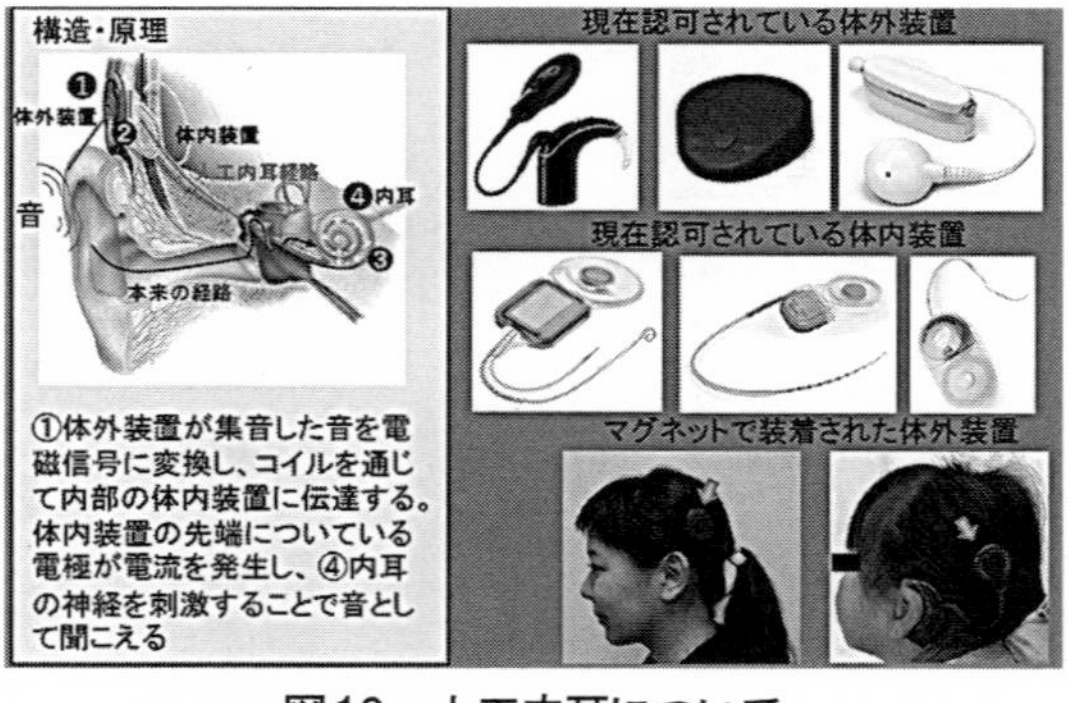

図10　人工内耳について

前掲、日本耳鼻咽喉科学会ホームページより

も言葉が聞き取れずコミュニケーションがとれなくなります。このような場合は人工内耳の適応になります。人工内耳は内耳（蝸牛）に埋め込んだ電極から蝸牛神経を直接電気刺激することで聴覚補償する方法で、全身麻酔下手術による人工内耳埋め込み術が必要です。現在人工内耳として、アドバンスト・バイオニクス社、コクレア社、メドエル社のものが使われています（図10）。日本での人工内耳の適用は、日本耳科学会でこれまで①「純音聴力検査で平均聴力レベル（4分法）90 dB以上の重度感音難聴者」としていたのですが、語音の明瞭度が極めて悪い難聴者では補聴器装用による言葉の聞き取りが困難であるので、２０１７年の改訂で、②「平均レベルが70 dB-90 dBでかつ補聴器装用下の最高語音明瞭度が50％以下である感音難聴者」、にも適応範囲が拡大されました。

詳細は成人人工内耳の適応基準（日本耳科学会）(https://www.otology.gr.jp/common/pdf/seijinjinkounaiji.pdf) を参照してください。

後迷路性難聴の疾患

感音難聴は内耳性難聴と後迷路性難聴に分けられます。ここでは後迷路性難聴について概説します。後迷路性難聴は内耳における内有毛細胞から蝸牛神経以降の障害と考えると理解しやすいでしょう。この部位の障害を呈する疾患としては、老人性難聴や脳腫瘍の一つである聴神経腫瘍、auditory neuropathy などが挙げられます。

これらの疾患では蝸牛神経の発火による同期性や神経伝達が障害されるため、音は聞こえているものの言葉自身がはっきり聞こえません。先にも述べたように、音声などが雑音のような音（歪む、響く、エコーがかかる、割れる……など）に変わって聞こえ、言葉としての認識がしにくくなってしまうのです。また、静かな環境での一対一の会話は何とかできるものの、複数人数での会話の聞き取りや、周囲に雑音があるような環境での会話の聞き取りが困難となります。この症状は内耳性の感音難聴に比較して聞き取りが顕著に悪化します。

老人性難聴では、外有毛細胞の加齢性変化だけではなく、内有毛細胞および蝸牛神経の加齢性変化を伴うと、音だけではなく言葉の聞き取りが悪くなり、会話が聞き取れなくなります。高齢者の言葉の聞き取り困難の一つの特徴です。

同様にauditory neuropathyといった疾患概念もあります。日本語でふさわしい病名はないので、蝸牛神経の神経障害とイメージすると良いかもしれません。病態として、内有毛細胞から蝸牛神経の神経の同期障害をおこす疾患群であると考えられています。半数に難聴遺伝子が関与していると考えられており、原因となる難聴遺伝子として*OTOF*遺伝子や*OPA1*遺伝子などが同定されることがあります。

繰り返しになりますが、どの後迷路性難聴を呈する疾患でも、言葉の聞き取りが顕著に悪化することが重大な問題点です。

〈後迷路疾患における補聴器の選択〉

感音難聴において、外有毛細胞を中心とする障害でおきる内耳性難聴では補聴器は良く適合されることは先に述べました。しかし、同じ感音難聴でも内有毛細胞以降の障害で起きる後迷路性難聴は、言葉自体が雑音様に聞こえ言葉の聞き取りが困難となるため、補聴器の適合が極めて難しいのです。「音は聞こえていても、言葉がはっきりしない」と強く自覚するからです。音声が雑音のように聞こえているところに、さらに補聴器で音を大きくしても、ノイズがさらに大きくなって聞こえるだけなので、結局うるさいだけで言葉がはっきりしません。しかし、雑音になるからといって補聴器を装用しなくて良いわけではありません。少しでも聴力を補償し両耳で聴く聴覚トレーニングが勧められます。ただ、それも限界があり、最終的には話者（相手）に「ゆっくり」「はっきり」と話しかけてもらうなど、協力を得ながら会話をしなければなりません。そのことを周囲の方に十分理解して貰うことも大切です。

補聴器で装用効果がほとんどない場合は、人工内耳による蝸牛神経の電気刺激が検討されます。内耳から蝸牛神経への同期の障害であれば、人工内耳により蝸牛神経を直接刺激して音を伝達することができます。しかし、聴神経腫瘍などの蝸牛神経自体の障害がある場合は、人工内耳でも効果が望めません。

〈その他の疾患〉

これまで音の伝達の障害による聴覚障害をみてきましたが、この伝達路に障害がないにもかかわらず難聴と同じような所見や症状を自覚するものもあります。機能性難聴や聴覚情報処理障害（56〜61頁「聞こえているのに聞き取れない（ＡＰＤ）」参照）などがそうです。

機能性難聴は、本人には難聴の自覚があることやないこともありますが、純音聴力検査を行うと難聴と診断されます。実際には外耳・中耳・内耳・蝸牛神経に明らかな障害がないにもかかわらず純音聴力検査だけが異常を示すのです。背景としてストレスなどが原因と考えられていますが、詳細はよくわかっていません。自然に改善することが多いのですが、場合によってはストレスに対する心理療法、認知療法を併用されることがあります。

聴覚情報処理障害の概念は、現在日本での診断基準がないため診断としては確立されていません。報告では、純音聴力検査では正常であるのに、自覚症状として「聞き返しが多い」「雑音のある環境では聞きにとりにくい」「言われたことを誤解しやすい」など、日常的な聞き取りの問題を抱えるものです。しかし、この概念の背景として発達の問題なども指摘されており、音の過敏症状や注意の問題、記憶の問題などそれぞれにおいてその要因は多岐にわたり非常に複雑です。このような疾患概念は耳鼻咽喉科だけではなく、小児科、心療科などを含めた診断やフォローが必要となります。

まとめ

これまで見てきたように、聴覚には外耳から始まり中枢までの経路があります。ここでは中枢（脳機能）を省きましたが、それは難聴なのか、認知機能の問題なのか、失語なのかなど、聴覚の問題なのか認知の問題なのか、現時点で中枢の病態を説明することは非常に複雑で困難だからです。

最近は感覚器の認知機能への影響が指摘されるようになりました。聴覚障害（難聴）の認知への影響は約９％であるという報告[1]もニュースにもなりました。つまり「難聴をそのまま放置していると認知機能に影響があるかもしれない」という話なのですが、この９％をどう捉えるかについては、まだはっきりとした結論は出ていません。いずれにしても、ヒトとして老後の生活をする上で、五感をフル活用し認知機能を鍛えることの大切さは言うまでもないことです。そしてコミュニケーションの重要性も想像ができるでしょう。補聴器などの聴覚補償はその一助となることでしょう。

文献

(1) Livingston, G., Sommerlad, A., Orgeta, V., Costafreda, S. G., Huntley, J., Ames, D., ... & Cooper, C. (2017). Dementia prevention, intervention, and care. *The Lancet*, 390(10113), 2673-2734.

聞こえているのに聞き取れない（APD）

小渕　千絵

学校健診や職場の健診で聴力低下については指摘されてこなかったにもかかわらず、外出先で人が多いところや物音が多い場所にいくと他の人に比べてきこえにくいと感じることはあるでしょうか？

カラオケ店に行って、複数人で会話をしている時、自分だけ話についていくことができない、学校の先生が話されたことを誤って解釈してしまったり聞き逃したりする、など、聞こえにくさに関するエピソードは多数みられます。どのような方でも、当然のことながら雑音の中で会話をすることは難しかったり、長い話を聞いた場合に、途中で違うところに意識が向いて話がわからなくなってしまうことはあります。

しかしながら、他の方に比べてその程度が厳しく、学校生活上、社会生活上の影響が大きかったとするとどうでしょうか。職場環境であれば、仕事のミスが重なり上司に怒られる、同僚からも「いつも話を聞いていないよね」と言われてしまう、学校生活においては、担任である教諭が親に対して「話をしても的外れな答えをします」「ぼーっとしていて話を聞いていないようです」と指摘される、など聞き取り困難を自覚せざる得ない状況におかれます。特に前者のような、成人期になって自身の聞き取り困難の自覚をする方が多いという実態があります。

学校生活では、受動的に先生の話を聞く場面が多く、話がわからない場合にも定められた教科書や参考書がありますから、後で視覚的に確認して独学で話の内容を補うことができます。つまりは、ご本人の努力によって話の内容を補っているうちに理解できたと感じてしまい、十分な自覚が芽生えないまま大学生や社会人になります。

それでは、大学生活ではどうでしょうか。高校までの学習とは異なり、同じ学科に所属していても受講する科目が個々に異なり、授業の内容も教科書そのままという形態ではなくなります。そして受講する教室も、高校までのような小さな教室とは異なり、広い講堂などで受ける場合もあり、音響環境としても悪化し、聞き取り困難を感じるようになります。

一方、職場環境になった場合には、上司から指示を受けた内容を聞き間違えることで、仕事上の失敗を経験し、注意を受けることになります。会議などでは、複数の人同士の意見交換の場面で話についていくことができずに、発言できなくなる、あるいは議事録をとれないなどの問題が生じることとなります。このような時期は10～20代の青年期にあたり、今後の社会生活の不安が増強することになります。

このように、聴力の低下はみられないにもかかわらず、聞き取り困難を抱える場合に、欧米では聴覚情報処理障害（Auditory processing disorder, APD）と診断し、支援をおこなっています。海外のガイドラインでは、通常の聴力検査や語音聴力検査ではなく、聞き取りに負荷のかかる検査を複数おこなった上で、いずれかの検査で低下がみられた場合、ＡＰＤとするとされています。

この用語自体から、聴覚に単一に生じる障害と推定されてしまいますが、実際のところは言語発達や認知能力などが関与していると考えられるようになっています。最近では症状を正しく表現できるような、聞き取り困難（Listening difficulites）のほうが適切ではないかという指摘もみられます[1]。しかしながら、現在では、このＡＰＤという用語として国際疾病分類（ICD-10 clinical modification）で規定されているということもあり、用語を変更することに対する反論もみられます[2][3]。現段階ではＡＰＤとして世界中で理解されているという現状がありますが、用語や定義などについては今後も現状に合わせて修正されていく可能性もあるため、状況に応じて使用していく必要があります。また、最近では一過性の騒音曝露や比較的大きな音量での音楽などの習慣的聴取によりＡＰＤと類似する症状がみられることも指摘されております。日本では隠れ難聴と訳され、内耳の評価などもあわせて行い、両者の鑑別が必要だとする指摘もみられます。

ところで、この障害について指摘されるようになった当時は、脳損傷による聞き取り困難への影響と症状が似ていたこともあり、神経系の障害があると考えられていました。しかしながら、脳機能を測定するような画像評価では、実際に脳損傷のある方以外で脳内の聴覚野の損傷、あるいは機能の低下はみられませんでした[4]。

それではどのような原因が考えられるのでしょうか。海外の報告では、聴覚における神経系の障害と考えて原因についての検討はあまり行われていませんが、言語病理学分野からの研究では、ＡＰＤ症状がある場合には、発達障害や言語発達遅滞など別の障害がある例がほとんどであったとの報告はみられます[5]。また私自身が日々臨床の中で、このようなＡＰＤ症状のある方々に多数お会いし、さまざまな評価をおこなった中では、ＡＰＤ症状の背景にある原因は図１のように分けられました。

海外での報告にもあるように、片側の脳損傷があり、かつ中枢聴覚系で損傷の影響がある場合には当然のことながらＡＰＤ症状が生じます。このようなタイプがいわゆる典型例といわれるものです。脳損傷直後にはさまざまな高次脳機能症状があったけれども経過を追うごとに改善し、一見何も問題がない状態に戻った、けれども聴覚系の影響だけは残っており、雑音下では何故か顕著に聞き取りにくい、というのです。

そのほか、発達障害のある方の場合には、ＡＰＤ症状がみられることがあります。特に多いのは、自閉症スペクトラム障害と注意欠陥多動性障害です。自閉症スペクトラム障害がある場合、部分的な点には注目できても全体を見ることが苦手な特性からは、話の全体の流れを掴みにくくなります。また、基本的な対人関係の弱さなどから話し手の意図を汲み取れないという状況が生じえま

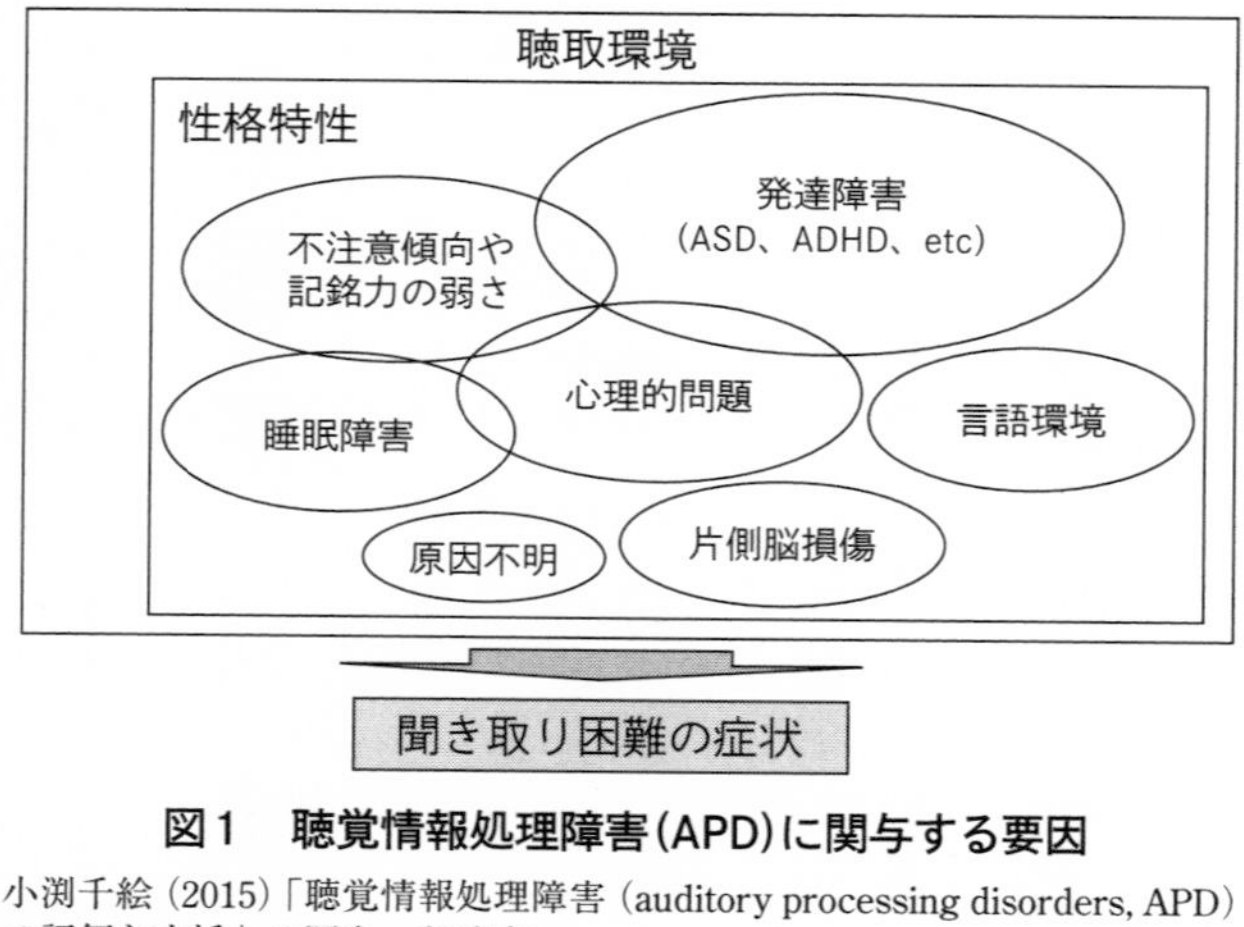

図１　聴覚情報処理障害（APD）に関与する要因

小渕千絵（2015）「聴覚情報処理障害（auditory processing disorders, APD）の評価と支援」の図を一部改変

す。一般的に私たちは、ことばの音韻情報だけでなく、他者の示す声のイントネーションや表情、身振りなど非言語的な情報を活用して理解しています。しかしながら、自閉症スペクトラム障害がある場合には、このような非言語情報を活用するのが苦手であるという報告もみられます。結果として、ことばの裏の意味を理解できず、的外れな対応をしてしまうことになります。そのため、「話の理解が悪い」のです。

一方、注意欠陥多動性障害がある場合には、ご本人は大変良く話を傾聴しているように見えても、無意識のうちに注意がそれてしまいます。話を聞いている途中で違うことを考えてしまい、話に再度注意が向いても、途中の内容を聞き洩らしてしまっているので流れがわからなくなってしまう、というわけです。また、何かに気を取られていると今まで考えていたことを忘れてしまうということもあります。結果として「聞き返しをする」「問われたこととは違う的外れな応答をしてしまう」すなわち「聞くことができていない」と言われることになります。

発達障害の診断基準に満たない場合にも、多くの方で不注意傾向や対人関係の弱さやこだわり傾向、覚えるのが苦手などを抱えている場合は多くみられます。これらの特性をわずかながら抱えるだけでも、聞き取りには影響するのです。聴覚情報はそれだけ常に流れてしまい情報が後に残らないので、視覚情報に比べて取得するのが難しいのかもしれません。

このように、最近では、発達障害の診断基準には至らないけれども、そのような特性を持つ方を発達障害のグレーゾーンという表現を用いることもあるようです。では、どこからが発達障害の診断に該当し、どこからどこまでがグレーゾーンなのでしょうか？　発達障害のスクリーニングで用いられるような質問紙は、本人の主観的な感覚で段階評価を行うことになります。本人自身が強く症状を認識し、その症状のために悩んでいらっしゃる場合には症状を重く判断し、ご本人自身の自覚が希薄で、あまり悩んでいらっしゃらない場合には軽く判断するでしょう。質問紙ではこのようにご本人の自覚や困り感の程度によって段階評価が変わってしまうことになるのです。

また、グレーゾーンをどの範囲まで考えるのかについても決まった基準がなく、広く捉えるならば、多くの人が該当してしまうことになります。このように考えていくと、発達障害のグレーゾーンと言うべきなのか、あるいはちょっとした不注意があると言うべきなのかがわからなくなってきます。どちらが良いのかは、ご本人がどのように考えるのかにもよるのかもしれません。

そして、このような発達障害やその傾向だけでなく、心理的な問題がある場合にも「聞き取りにくさ」のAPD症状がみられることがあります。思春期段階での友人関係上のトラブル、親子間や夫婦間などの問題、職場の人間関係や仕事のストレスなど、あらゆる心理的な負荷が結果として症状に結び付くことがあるようです。ある方は、単身赴任のパートナーが戻ってきた頃から聞こえが悪くなりました。ある方は、友人関係のストレスから生きていても意味がない、死にたいと思うようになり、その頃から聞こえが悪くなっています。ストレスや不安などを抱えて心のバランスを崩している状態というのは、物事の知覚や認知にも影響を及ぼし、さまざまな症状を引き起こすことになりますが、その一つに「聞き取り困難」という症状が出てくるのだと考えます。聞き取れない自分を知ることで、さらにストレスや不安が増強することになり悪循環となるようです。ご本人自身はストレスの原因について自覚していない場合もあるため、丁寧なカウンセリングが必要になってくると思われます。

その他にも、子どもの場合にはことばの発達過程での遅れや環境の問題なども影響することになります。大人とは異なり、子どもの場合には低年齢であるほど、自ら症状を細かく説明したり、状況を報告することが難しい場合もあるため、子どもを取り巻く環境について十分に留意しながら進めていくことも大切です。

ところで、このようなAPD症状があった場合には、どのように対応していくのでしょうか?

これまでの研究からは、個々に抱える原因が異なる場合が多いため、各自の原因をはっきりさせた上で、対応していくことが望まれます。雑音の中で聞き取りにくいという方の場合には、なるべく雑音が少ない環境で生活できるようにするような環境調整や補聴機器を使用する方法があります。不注意のために聞き取りにくさが生じる場合には、補聴機器により音響情報を大きくして注意喚起されやすくするのも一つの方法です。また、できる限りメモをするのか、ボイスレコーダーで後でもわかるようにするのか、音声を文字化するソフトを使って記録するのか、さまざまなツールをどのように使うのかを考えていくことで問題解決しやすくなるでしょう(6)。

それでは発達障害がある場合はどうでしょうか。この場合には聞き取り以外の症状もみられるため、ご本人の抱える特性に合わせて聞き取りにくさにも対応します。例えば自閉症スペクトラム障害であれば、音としては聞き取れても、理解の段階で難しくなるようです。基本的な聞き取りに問題がないことを伝えた上で、どのように理解を助けるのかを考えていく必要があるかと思います。沢山の情報を覚えるのが苦手であるのか、あるいは情報処理の速度が遅いために追従できないのか、何が症状に結び付いているのかを明確にした上で、細かな対応方法を見出していくことが必要になります。

以上のように症状に合わせた具体的な対策をたてることで、日常的に感じる聞き取り困難の軽減につながるものと考えられます。

文献

(1) Moore, D.R. (2018) Guest editiorial: Auditory processing disorder. Ear Hear, 39, 617-620.

(2) Keith, W.J., Keith, R.W., Purdy, S.C. (2018) Letter to the editor: Comments on the Ear and Heraring ban on certain auditory processing disorder articles Re: Moore, D. R. (2018) Editorial: Auditory processing disorder. Ear Hear, 39, 617-620.

(3) Iliadou, V.V., Chermak, G.D., Bamiou, D.E., et. al. (2018) Letter to the editor: An affront to scientific inquiry re: Moore, D. R. (2018) Editiorial: Auditory processing disorder. Ear Hear, 39, 617-620.

(4) 小渕千絵（２０１９）聴覚情報処理障害 (Auditory processing disorder, APD) の現状と対応、小児耳鼻咽喉科、40、225-230

(5) Moore, D.R., Ferguson, M.A., Edmondson-Jones, A.M., et al. (2010) Nature of auditory processing disorder in children. Pediatrics, 126, 382-390.

(6) 小渕千絵（２０２０）ＡＰＤ「音は聞こえているのに聞き取れない」人たち　聴覚情報処理障害（ＡＰＤ）とうまくつきあう方法、さくら舎

第3章　聞こえづらさと偏見

栗田　季佳

赤くて丸っこい、食べたら甘くてシャリッとした爽快な歯ごたえのする物体は何でしょうか。おそらく「リンゴ」と答えると思います。しかしなぜ「リンゴ」なのでしょうか？　私たちが「apple」ではなく「사과」でもなく「リンゴ」と呼ぶには何か理由があるのでしょうか。私たちがふだん用いている言葉は、いつしか名づけられ、共有され、教え教えられ、継承されていきます。なぜこの言葉なのか？という問いに対して明確な答えはできず、私たちのコミュニティが「それをリンゴと呼ぶから」という答えになっていない答えに行き着きます。

既に学習し終えた私たちは、最初から「リンゴ」なるものが「リンゴ」という名前を持ったものとして存在しているかのように思えますが、それらは周囲にいる人たちが用いる言葉を学習して使っているのであって、リンゴとのやりとりによって成立しているのではありません。概念というのは名前やその意味も含めて、人間同士の営みによって成立しています。

本章では「難聴」や「聴覚障害」という概念をアプリオリなものとしてでなく、人間同士の関係によって生まれるという立場をとりたいと思います。どのような関係によってこれらの概念が成立しているのかを知ることによって、難聴に対する偏見、はたまた差別の輪郭がみえてくるでしょう。

典型的な人間像

テレビや噂、小説、映画など、日常の話題のほとんどが人間に関することであるように、人は人に関心を寄せます。この「人」という抽象的な概念をもう少し具体化してみましょう。私たちが「人」という時、どのような人を想定しているでしょうか。

ある概念の中心となる、典型的なイメージのことをプロトタイプといいます。あなたの「人」プロトタイプは何でしたか？　片足の人を想像したでしょうか？　目の見えない人を想像したでしょうか？　赤ちゃんを想像したでしょうか？　聞こえない／聞こえにくい人を想像したでしょうか？

初めて会う「人」に対しても知らず知らずの内に、人のプロトタイプを想定しています。[1]ただしその考えは、ふだんは意識にものぼりません。通常、誰かとやり取りしている——やり取りしているということが既に成立している——時には会話の内容に集中しており、聞こえるか聞こえないかは背景化しています。

しかしプロトタイプから外れた事態に遭遇すると、「何かいつもと違う」とセンサーが反応します。このような場面で、人はどのような推論を行うでしょうか？　私たちは以前、大学生155名を対象に場面想定の質問紙からこの問いを調べてみました。その場面とは、講義のグループディスカッションです。グループディスカッションにおけるプロトタイプとは、自分の意見を述べ他の人の意見に反応する人の姿でしょう。しかしここで登場させたAさんはあまり発言せず、発言しても話題とずれており、ディスカッションが滞っていました（コミュニケーション・ブレイクダウンの状況です）。この場面におけるAさんの反応の理由や印象を調査参加者に答えてもらいました。事象の原因を特定することを原因帰属と呼びますが、その集計結果が表1の「非装用」欄です。

Aさんの反応についてはさまざまな解釈が可能ですが、8割以上が「人見知り」「やる気がない」など本人の心理的な要因を挙げました（心的帰属）。私たちは、他者の行動の原因を性格や動機など心的状態に帰属しやすい傾向があります。これを対応バイアスといいます。(2)

しばしば難聴(3)の人は、Aさんの示す反応をとる場合があります。音声でコミュニケーションをおこなっている場合、他の人よりも難聴の人が取得する音声情報は少ないため、会話の内容がわからなくなることがあります。外見がプロトタイプから逸脱していない場合（異形や肢体の欠損、反応の不自然さなどがない）、周囲はその人物をプロトタイプ的特性を備えた者として認識します。それはつまり、多くの場合「聞こえる」人物でしょう。外見から聴覚障害が自明でない状況では、難聴者は開示を選択でき、開示せずに聞こえる者として振る舞い続ける場合があります。社会学者のゴッフマンがパッシング（素性隠し）と呼んだ方略です。(4)

難聴者が開示をしない場合の調査参加者の回答には対応バイアスが強

表1　大学生155名を対象としたコミュニケーションブレイクダウンの調査結果(注)

	比率※		回答例
	非装用	機械	
難聴帰属	1.4	62.0	難聴、耳が不自由できこえない、耳が悪い
心的帰属	82.4	16.3	人見知り、やる気がない、緊張、自信がない人
外的帰属	4.1	3.3	周りの気遣いのなさ、相手がこわい
その他障害	3.0	3.8	コミュ障、発達障害、少し障害をもっているからだと思う

※述べ総回答数に対する比率
（注）未回答や理由の回答となっていない内容を除外した結果

くみられ、難聴の可能性や周囲のコミュニケーション形態（音声）にはほとんど言及されませんでした。そのような回答は、全回答中たった1・4％、人数にして一人でした。もちろん、Aさんは難聴者でない可能性もありますが、どちらにしても、Aさん自身の個人的要因として理解され、ディスカッションの内容や他の参加者、その場の雰囲気といった外的要因には目が向きにくいことが伺えます[5]。このような心理的バイアスが、障害を個人に還元する医学モデルを促している側面もあるでしょう。

聞こえない人／聞こえにくい人のプロトタイプ

相手からの開示がなくとも、相手が「聞こえない人」であると気づく場合もあります。それはなぜでしょうか？　会ったことがないにもかかわらず、聞こえない人と同定できるのは、「聞こえにくい人」の特徴を知っている（心理学的にいえば心に表象されている）からです。先の調査のブレイクダウン場面では、実はもう一つ設定があり、そこではAさんが耳に機械を装用していると説明されました。この「機械」条件では、聞こえに関する言及が格段に増えました（表1）。

このように、その人の示すシグナルが、聴覚障害のイメージと合致すれば、同じブレイクダウンの場面でも聞こえづらさという可能性に行き着きます。聴覚障害イメージにも、先の「人」と同様に、中心となるプロトタイプがあります。

聴覚障害のプロトタイプとはどのような内容でしょうか。マコギーとストロマー[6]は、聴覚障害（hearing impairment）についての定義や記述を求め、聴覚障害のプロトタイプ・イメージを調査しました（表2）。結果を見ますと、8割の人が「手話」や「補聴器」に言及しており、それらが中心的なイメージであるとわかります[7]。

注目したいのは、統計学的な聴覚障害の特徴と心に描かれるプロトタイプが異なっている点です。手話を使う人は実際には聴覚障害の人の中でも少数派ですし（1割程度といわれます）、補聴器を使う人も調査によってばらつきがありますが難聴者のうち2割前後と推測されています[8][9]。聴覚障害プロトタイプは、実際以上に相関を見出してしまう錯誤相関の影響を受けています。

「聴覚障害の人は手話ができる」「聴覚障害＝伝音難聴」「発音がきれいだから聴覚障害がない」これらは一部の人に当てはまっても、当てはまらない人もいます。イメージはあくまでイメージであるため、現実に接する時にはその人自身をみなければわかりません。イメージや思い込み、つまりステレオタイプを実際の場面で適用し、それに基づいて判断や行動をすると、本人の現実と（またその状況に）合わず、不利益を生じさせる可能性があります。

例えば、英語のリスニング試験で、座席の位置や別室受験等の変更・調整をおこなっても、感音難聴の人にとっては、同じように聞こえていないという意味で不利益は生じています。本人はリスニングの聞き取りができなくとも、難聴によるのか、英語が聞き取れないのか帰属が曖昧ですし、どちら

表2　聴覚障害のプロトタイプ※

	特徴（％）
中心	手話（83） 補聴器（82） 言語に問題がある（62）
第二	聾・聞こえない（49） 読唇（46） 他の感覚への依存が高まる（41） 聞こえることに問題がある（31）
第三	コミュニケーションの困難（25） 遺伝もしくは怪我が原因（24） 否定的な感情や対応（23） 特別学校（20）

※ McCaughey & Strohmer, 2005 の Tabel 1 より

の原因なのか検証することもできません。面接試験においても類似のことがいえます。

聴覚障害に応じた変更・調整が必要な場面で、その基準を「聴覚障害」に求めると、自身の「聴覚障害」ステレオタイプの影響によって合理的でない不公平な変更・調整となってしまう危険性があります。合理的配慮を考える場合には、相手の「聴覚障害」の観点から考えるのではなく、聞こえる人と条件を等しくするという観点から考えるほうがステレオタイプの弊害を回避できるでしょう。[10] つまり聞こえる人が１００％情報取得しているという想定であれば、残存聴力の有無や手帳の有無にかかわらず、聞こえにくい人が１００％情報を得られる方法（例えば、リスニングに替わる問題や質問の文字提示）にすべきです。そこに聴覚障害に関する一般的認識は必ずしも必要ありません。

聴覚障害と認知的拡散

聴覚障害に関するイメージが偏っていて誤解されるのであれば、聴覚障害についての正確な知識を得ることで不利益を軽減することができるでしょうか？ 確かにそういえる面もあるでしょう。しかしそれだけでは不十分です。なぜなら、私たちが描いている概念は、単独で意味を形成しているのではなく、関連する他の概念と結びつきながら、複数の意味を付帯しているからです。例えば、猫は「動物」であると同時に、「気まま」「自由」「プライドが高い」などのイメージもあります。聴覚障害という概念も、単に聞こえに関する説明だけではありません。他の概念が聴覚障害の捉え方に影響を与え、不利益をもたらすこともあるのです。

では聴覚障害と関わる概念には何があるでしょうか？　その一つは能力です。障害とは英語のdisabilityの訳語で（日本語の障害の中には、disorderも含まれていますが）、能力に関わる言葉です。基本的にはその障害とされている能力と他の能力は独立です。[11]しかししばしば、成人の車椅子利用者が幼児言葉で話しかけられるように、聴覚障害のシグナルとなる補聴機器を装用している人が装用していない人よりも知的能力や社会性においても低く評価されることがあります。これを「補聴器効果（hearing aid effect）」と呼びますが[12]、特定の障害の認知が異なる能力の次元へと広がる「障害の拡張（Disability Spread）[13]」の一種です。今日では補聴器は一般的なものとなり、「異質」「特殊」な人間であることを表すシグナルではなくなりつつあるため補聴器効果は消えつつありますが[14]、発音の明瞭さが低いほど認知的に低く評価されがちであることは[15]、本来関連のない特徴同士を結び付ける認知的拡散のあらわれです。

障害の拡張には、二つの可能性があります。一つは、何の根拠もなく障害を拡張すること。もう一つは、何らかの根拠をもって拡張することです。前者は明らかな偏見ですが、後者は少々厄介です。例えばその根拠として、テストの結果が良くない、レポートの文章が稚拙であること、人づきあいの仕方を挙げるとします。これらの結果は聞こえないことのみに起因しているでしょうか？　聞こえないことに対応していない学習環境や、日常とテスト時の言語環境が異なること（例えば、手話と書記日本語）、集団関係から孤立し続けた経験や対人関係のルールの違いなど、さまざまな影響の結果であるかもしれません。そのような背景を軽視し、本人の知能や社会的能力のあらわれと理解すること（対応バイアス）はその人の潜在的な可能性を否定し、不利益をもたらす背景にある問題を等閑視し持続させることとなります。実際、授業中の音が聞こえないことに対して何も変更・調整が与えられず悪い成績をつけられた経験を持つ人もいますし、[16]反応が不可解であるとして精神病院に長期入院を強いられたという深刻な事態に置かれている聴覚障害者もいます。[17]発達障害を疑われた子どもの中に一定数難聴の子どもがいることも報告されていますが、[18]問題はどの障害か否かでなく、決めつけによってその人と通じるための応答の選択肢が消去されていくということではないでしょうか。

困難なことに、目の前にいる人物の振る舞いに対して観察者の見方がどの程度バイアスがかっているのか知ることも、障害や生来の特徴がどの程度関わっているかを確かめることもできません。私達は人に影響を与え、影響を受けながら変化していきますので、自身のバイアスが何らかの行為として他者に向けられた時、それを受け取る側が自己観として取り入れていく（自己成就予言）可能性もあります。周囲からできない人としてみなされてきた人がやる気を失った結果、パフォーマンスが低下したとしても、それを見た人はやはり「できない」人だとみなし本人も自覚を強める……という循環が生じることは十分考えられます。実際、「聴覚障害者は言語が苦手だ」という認識に対して（その真実如何にかかわらず）、言語力を測定すると指示されてテストを受けたろう者は、そのような指示をされなかったろう者よりも言語テストの成績が低かったことを示す実験もあります。[19]これはステレオタイプ脅威と呼ばれる現象ですが、都合よく「だから○○障害の子はできない」「やっぱり障害のある子には無理だ」のように、障害という言葉で都合よく解釈されてしまうかもしれません。しかしその過程には、聞こえる人たちの思い込みやあわれみによって、言語力を伸ばす機会や適当なコミュニケーション方法が、聞こえない人・聞こえにくい人に提供されていない可能性は十分にありますし、[16]測定している言語力自体が聞こえる人たちにそもそも有利であったりするわけです。

できる・できないといった能力評価に加えて、能力にはその変動性に関する認知も存在します。能力（知能や性格など）の変動性に関する信念のことを暗黙の理論といいますが[20]、努力や環境などによって変化すると考えることも（増大理論）、生まれつき固定されていると考えることも（実体理論）できます。もしある能力が努力しても変わらないのであれば、一般的に考えれば諦めるでしょう。しかし変えられると信じれば、努力しようと思ったり他者に努力を促したりします。

このように、能力観はその能力への介入・アプローチを変えます。能力観には個人差はもちろん、文化差もあります。知能に関していえば、東洋は西洋に比べて増大的な考えが強く、「やればできる」「伸びる」と学習に取り組み、その結果よい成績へとつながることもあります（これも一種の自己成就予言です）。

基本的に障害は大きく変動することのない能力に対して用いられる概念であり、聴覚障害もそのように理解されています。しかし聴覚障害の聞く能力と、それに不随する話す能力や会話を理解する能力を区別すれば、聞く力は向上させられなくても、発声方法を覚えたり、目で見て話を理解したりすることはできるのではないかと考えることができます。北アメリカに比べ、中国やベトナム、日本を含む東洋のほうが努力によって話すことは改善すると評価されます[21]。日本において、聞き取りや発音の介入（訓練）は、民間においても公教育においても行われてきましたが、能力の増大理論がこれらを支えてきたと考えられます[22]。聾学校における口話教育は児童生徒に口話能力に基づく優劣感や劣等感、訓練時間の確保による学習の遅れ、自由にコミュニケーションを行う機会を制限するなど、多くの弊害をもたらしてきました。

聴覚障害という安定した能力から、他の能力である学力や発話なども安定して変化しないと信じることも、いや変えられるのだと信じることも、どちらも人の信念です。その信念が行動を変え、他者に影響を与えることもあります。「子どもの能力を信じる」といえば聞こえは良いですが、その信念は万能ではありません。「変えられる」ものを「変えられない」と信じておこなったこと、あるいは「変えられないもの」を「変えられる」と信じておこなったことが、その人に重圧や制約をもたらす場合もあります。そして能力が変化するからといって、ある能力に介入することが望ましいことかは価値の問題であり、また別に議論が必要でしょう。

聞こえることと聞こえないことの非対称性

ところで、「聴覚障害」や「難聴」の対比として、「健常」や「健聴（聴）」という言葉があります。この難聴（聞こえにくいこと）と健聴（聞こえること）という二つの言葉を比べると、両者の情報量には大きな差があります。おそらく前者のほうが特徴や分類、検査など、豊富に情報を挙げることができるでしょう。聞くという現象をふたつに分けただけであるのに、情報量が非対称であることからも、人間の認識の偏りが表われています。

二人の間で、一人は相手の話が「わかり」一人は「わからない」場合、どちらが間違っているとも正しいともいえません。しかし十人の会話で一人が「わかり」八人が「わからない」場合は、話し手の伝え方が問題にされる可能性が高く、逆に一人が「わからず」八人が「わかる」場合はわからなかった一人の聞き手が問題にされがちです。問う―問われるの関係性は、問いを発する者同士の合意が反映されます。

圧倒的大多数が音声言語を使用する社会においては、「聞こえる」こと自体はもはや前提で、話が通じている限り問われません。[23] かたや、「聞こえる」と異なる現象は、注目され、問われる対象となります。聞こえることが前提の状況が「難聴」や「聴覚障害」とされる現象への注目を導き、人びとによって名づけられ、特徴がまとめられ定義づけられていきます。健聴は難聴を図として浮き立たせる地であるために、無徴でいられるのに対し、難聴や聴覚障害は図として有徴性が象られていきます。[24] この図と地の関係が、難聴と健聴の非対称性を成り立たせています。

このような、概念の説明的な側面を強調する概念の成り立ちを理論ベースといいます。[25] 説明の必要性によって概念の成立が促されるという考えです。例えば想定外の行動をする人に「あの人は変わってるからね」と表現したりするように、私たちはしばしば実際には何も説明になっていないにもかかわらず、原因とする言葉を用い、説明されたように感じてしまうことがあります。このような説明的な機能が概念に存在し、また概念を成立させるのです。

理論ベースから考えれば、難聴や聴覚障害は、プロトタイプから逸脱した聞こえの状態を説明する概念として成立しているといえます。中途失聴も難聴と区別しているからには、難聴という言葉では表現しきれないものを説明する必要性にかられて存在しているわけです。単純に時間軸のことを指すのであれば、「先天性の／後天性の」と説明すればよいわけですが（実際そういう説明もあります）、それ以上の意味を含み、またそれが重要であるが故に、「中途失聴」という言葉は存在する役割を持っています。

同様に、健常や健聴という言葉は、障害や難聴にあたる現象の発見によってまた説明を要して成立した概念といえます。「健聴」や「健常」といった言葉は、聞こえのプロトタイプを説明する概念として存在しているということです。

説明の必要性は、先にも述べた概念の情報の非対称性をもたらします。説明をより求められる難聴や聴覚障害は、一度概念が立ち上がると、その概念に関する知識やイメージが集積され豊富な情報を持ちます。プロトタイプの形成もその結果です。それに比べて、健聴の定義はいびつでぼんやりしています。健聴の辞書的意味には「耳が聞こえること」とありますが、健聴といわれる人も、外界に存在する全ての音（例：超音波）を聞き取れているわけではありません。コウモリからすれば８０００Hzまでしか測定しないオージオメーターは「おいおい欠陥品だろ」と突っ込まれるでしょうが、コウモリからの突っ込み（があったとして）を人間は無視できます。聴覚障害の人も、その人の聴力で音を聞いているわけで、その意味では「耳が聞こえている」といえます。

よくよく考えると健聴の定義は不可思議なのですが、健聴は問われないために、不可思議なままでも据え置きされます。健聴が問う側・見る側にあり、難聴が問われる側・見られる側にあることは、聴力検査にも表れています。純音聴力検査の基準値となっている０dBは音がないことを意味しているわけではなく、20歳前後の聴覚障害のない人たちの聴力を基準に設定されています。[26] このように、健聴は透明化され、難聴が聞こえないものとして対象化されるような社会的実践があることで、聞こえにくいことが特別に切り離されていくのです。

聞こえないことのスティグマ化

難聴や聴覚障害には、人間のプロトタイプから外れた特徴としての意味があります。19世紀から20世紀、人間とは言語を持つ存在であり、言語とは音声であり音声を元にした文字であり、聴覚障害者が用いる表現は言語ではないと退ける口話主義が社会を席巻していました。このように人のあるべき姿、規範として口話が強調されれば、聴覚障害という状態はより不完全なものとしての印象を浮き立たせるでしょう。

この考えに基づけば、難聴や聴覚障害は人間の条件を欠くような、人間としての不十分さを暗に示唆します。アーヴィング・ゴッフマンは価値を損ない、普通以下の、劣った人間であることを示すものとして認識される特徴を負の烙印（スティグマ）と表現しました。聴覚障害を単なる聞こえの特徴としてでなく、「その人全体が劣っており、一人前の十分な人間ではないことを示す」特徴がスティグマであり、そのような見方で聴覚障害の人を認識することがスティグマを貼るということです。

スティグマは一人前の人間に満たない存在であるという印のため、スティグマは根本的に人と人や集団と集団の間に溝を設け、両者を大きく引き離すような認知が働きます。その典型は、「スティグマを持つ人たちは、スティグマをもたない人たちと本質的に異なっており、スティグマを持つ人たちは、それたりうる何か（本質）がある」という考えです。このような信念を本質主義といいます。人間に不変で他から区別され、何らかの基盤を持ち、さまざまな表れの核となる本質があると信じる傾向は、本質主義的信念を支えます(27)。

現代では、生物学的な要因が本質の基盤として認識される傾向にあります。必ずしも医学や生物学の専門家でない私達は、何となしに、頭のよさと脳、病気と遺伝子を結び付けたりします。これもしろうと的な本質知覚です。そして一般の人びとだけでなく、科学研究者も例外ではありません。補聴器の開発や口話教育の推奨をおこなったグラハム・ベルも聴覚障害の遺伝性を研究していました。生物学的本質主義というしろうと的信念は、科学に携わらない一般の人びとだけでなく、科学に従事する人びとも巻き込む非常に強力なしろうと認知といえます。

聴こえにくさが遺伝するということは一部当てはまりますが、聴こえが遺伝することと大きく変わりません。例に漏れず後者は取り上げられることなく、前者が取り上げられることにも、スティグマや問題としての聴覚障害観が伺えます。旧優生保護法下で不妊手術を受ける対象となった障害の中に、聴覚障害も含まれていました。2018年から謝罪と賠償を求める裁判が始まり、2019年に救済法が成立しました。原告には聴覚障害のある夫妻もおられ、不妊手術を経験した聴覚障害のある人や、子どもを持つことを反対された人たちもおられます。聞こえにくさを規定する遺伝子は一部に存在しますが、それは聞こえにくさであって、スティグマの遺伝子ではありません。政治や医療の実行性の罪は甚大ですが、それらの下支えに、本質主義という人の心理が働いていることを忘れてはならないでしょう。それらは私たちが当たり前のように持っているしろうと信念なのです。

スティグマの影響

健聴者だけでなく難聴者もスティグマを利用します。補聴器や手話は聴覚障害を示すシグナルであり、[28]障害がスティグマとして認識されうる社会では、それらを用いることは、スティグマを持つ者としてみられるリスクを負うことになります。

補聴機器を装用していない（周囲に聴覚障害が見えにくい）難聴者が聴覚障害の開示にジレンマを抱くことにも、スティグマ化が影響します。[29]自身に適した情報提供に対応してもらうためには、難聴であることを開示したほうがコミュニケーションは楽になるかもしれません。しかしそれと同時に難聴者として「普通とは違う」「劣った」スティグマを持つ者としてみなされるかもしれません。開示して相手が対応する可能性も１００％ではなく、もし後者のスティグマ化のみが機能した場合、今後の関係に響くため、当人は開示にジレンマを感じます。難聴の津名道代さんは「支給」を「至急」と読み間違えたことからあだ名が「至急」になったエピソードを次のように述べています。「自身の難聴の重さを気付かれるより、粗忽者と取られるほうがずっと嬉しかったのだ。なぜなら、ソソッカシイことは職業人としてマイナスであってもそれは通念のなかで許容範囲に属する」（30頁）と。[30]排除の恐れがあるスティグマとしての聴覚障害が、難聴の人の中にも内在していることがうかがえます。

聴覚障害は長くスティグマを貼られ続けてきました。ある時期に比べれば言語観は変わり、法律も変わってきましたが、口話優位の社会であることに変わりありません。むしろコミュニケーションや社会性が重視される中で、より厳しい現実が迫っているともいえます。未だ、「聴覚障害がある」ということはとりわけ注目される、それも、些細な問題としてではなく、他と区別され、変化を要求され、その有無によって生活が大きく左右されうる（それも良くない方向へのリスクが高い）特徴であるのが現状ではないでしょうか。難聴者が難聴であることを周囲に知られることを恐れたり、開示に抵抗を感じたり、健聴であるように振る舞おうとしたり、補聴器や手話を自由に選択できない現状は、今なお聴覚障害が、人間の特徴の一つとしてでなく、スティグマ性を帯びて存在しているということを示しています。私達の社会は今日も聴能主義的（audism）なのです[31]。

聞こえないことは問題か？　障害か？

難聴・聴覚障害からスティグマを剥がすことはできるのでしょうか？　心の中での実践は意識によって可能だとしても、現実に可能なのでしょうか？　聴覚障害という概念の揺らぎを知らしめる、有名な実例をご紹介します。

マーサズ・ヴィンヤード島はアメリカ北東部にある実在の島です。およそ17世紀後半から18世紀初頭、聴覚障害となりやすい遺伝を有したヨーロッパ人がこの島に入植し、他の地域よりも聴覚障害を有する人が多く存在しました[32]。聴覚障害者は聴者と同様に仕事につき、漁業や農業を営み、貧しいものもいれば豊かな者もおり、結婚や財産管理も他の者と同様で、特に制限されることもありませんでした。島民の流動性が高くなり、島外結婚や移住によって、聴覚障害の発生率が低くなっていった19

世紀後半頃まで、島では手話が当たり前のように用いられていました。

当時の島民は、身近に手話を使う人たちがいたために自然に手話を身につけ、誰がろう者であるかをしばしば忘れていたといいます。ヴィンヤード島では聴覚障害の有無にかかわらず、聞こえる者同士でも自然に手話を用いていました（例えば船上や、盛り上がった酒場で）。

この島を調査したノーラ・E・グロース[33]は「だれ一人聴覚障害をハンディキャップと受け取らなかったという意味で、ろう者にハンディキャップは存在しなかったのだ」（229頁）。「ろうの島民が一つの集団として、あるいは『ろう者』として思い浮かべられたり、取り上げられたりするケースが一度としてなかったという事実こそ、ろう者が社会のあらゆる面に完全に溶け込めたということの端的な証拠にほかならない」と著しています（19頁）。

ヴィンヤード島では、聞こえにくさが、私たちの社会のなかにあるような問題や社会的不利の象徴として「聴覚障害」があるのではなく、他のさまざまな特徴と同等に「聴覚障害」が並んでいたといえるでしょう。それはもはや「障害」ではなく、ある島民が「言葉になまりのある人間のことを、いちいち気にしないのと同じ」（19頁）だと述べたことが端的に表しています。

聞こえにくい者が、「聴覚障害者」としてではなく「島民」として生活した時代がヴィンヤード島にはありました。同じように聞こえにくい人がいても、大半の場所ではスティグマを持つ者として捉えられ、ヴィンヤード島では大した意味をもたない特徴として捉えられていたのです。島の人達は特別優しかったわけではなく、精神病や知的障害の人たちへの差別はこの島にも存在しました。違うのは、その島で用いられたコミュニケーションが音声に限らず、手話があり、それも手話が一部の人たち（聴覚障害者）の言葉ではなく、島全体の言葉として存在したという点です。コミュニケーションのブレイクダウンはどちらか一方に帰属されず、聞こえる人と聞こえにくい人との間をつなぐ方法として手話があったのです[34]。このような社会においては、補聴器も人工内耳も技術的に可能であったとしても必要性は低いでしょう。コミュニケーションから排除されない方法が、「聞こえにくい」ことを問題として対象化することなく、市民として社会に溶け込むことを可能にしたといえます[35]。

ゴッフマンは次のように述べています。「スティグマと言う言葉は、人の信頼をひどく失わせるような属性をいい表わすために用いられるが、本当に必要なのは明らかに、属性ではなくて関係を表現する言葉なのだ、ということである。ある種の者がそれを持つとスティグマとなる属性も、別のタイプの人には正常性を保障することがある」（16頁）。聞こえにくさも、侮蔑や価値の低さへと必然的に対象化されていくわけではありません。ヴィンヤード島のように、聞こえにくさも正常であるような社会も確かにあり、他の地でも確認されています[36]（84〜92頁「聴覚障害者に理解のある米国社会」参照）。スティグマは他者の問題ではなく、スティグマを貼る人がいることによって成立します。スティグマを貼っている人間もその相互行為の参加者なのです。

おわりに

本章は、聞こえないことが最初から私たちの社会にあるようなそれとして現実に存在するのではなく、それらを現実として同定する必要性から生まれる概念という立場をとってきました。この立場を社会構成主義と言います。聞こえにくいという現実から生じる心理現象――音声のブレイクダウンやプロトタイプ――も存在しますが（心理的構成主義）、聞こえにくいという現実自体が社会的に構成されてもいます（社会構成主義）――音声主体の社会の中で大多数が聴取する音を聞きとれない人が認識される[37]――。私たちの社会は、聞こえにくさを問題として構築する社会であり、その問題意識に基づいた実践――教育や政治、言説――があります。

本書が取り上げる難聴者に対する「偏見」について取り組む課題としては、心理的構成主義からいえば難聴にまつわるステレオタイプや偏見の修正であり、社会構成主義からいえば、難聴と健聴を正常と異常の境界とする社会実践の是正といえます。

偏見・差別の問題を考える時、その対象となる人びとの特徴に目を向けるだけでなく、その人びとを見ている人びとの特徴に目を向けることこそ必要です。なぜなら、ある人が偏見や差別を受けるのは、その人の特徴によって生じているからというよりは、その特徴が偏見や差別となりうる合理性を持っているからです。それは誰にとっての合理性なのでしょうか？　偏見・差別を行う側です。「障害者は〇〇」といった特定の偏見や具体的な差別に向き合う前に、その人を「障害者」とする自分自身や社会のありようを問うことから始めましょう。障害者とされる人が、ある特徴を有して、初めから存在するわけではないのですから。

文献・資料・注

（1）街で行き交う人、学校、病院など場面によってより細分化されたプロトタイプがあります。
（2）他にも、基本的帰属エラー、行為者―観察者バイアスといった呼び方もあります。

(3) ろうや難聴・中途失聴という用語は、聴力や使用言語、アイデンティティなどさまざまな要素によって使い分けられ固定的な意味ではありませんが、本章では聞こえない場合を「ろう」聞こえにくさを指す場合を「難聴」、両者を含む健聴ではない聞こえを指して「聴覚障害」と述べます。

(4) Goffman, E. (1963) Stigma: Notes on the management of spoiled identity Prentice-Hall, Inc. = １９７０石黒毅（訳）「スティグマの社会学—烙印を押されたアイデンティティ」せりか書房

(5) そもそも、その人の性格や動機として理解されたとしても、それらが本当にその人自身の要因として理解できるのかどうかも考える必要があるでしょう。性格や動機も、大いに外部の影響を受けうるからです。

(6) McCaughey, T. J. & Strohmer, D. C. (2005) Prototypes as an indirect measure of attitudes toward disability groups, *Rehabilitation Counseling Bulletin*, 48, 89-99.

(7) 現在は人工内耳手術を受ける人も増加しています。２００５年という時期を考えると、人工内耳に関してはまだあまり認知されていないために回答が出現していない可能性もあります。

(8) 一般社団法人日本補聴器工業会（２０１８）JapanTrak ２０１８調査報告書、http://www.hochouki.com/files/JAPAN_Trak_2018_report.pdf（２０１９年11月29日アクセス）

(9) 厚生労働省（２０１５）「平成28年生活のしづらさなどに関する調査（全国在宅障害児・者等実態調査）」https://www.mhlw.go.jp/toukei/list/seikatsu_chousa_h28.html（２０１９年２月15日アクセス）

(10) 障害者権利条約や障害者差別解消法にも「他の者との平等を基礎として」とあります。他の者の状況を把握し、比較することが重要です。

(11) 疾病によっては症候群のように複数の状態を引き起こす場合もありますが、それはケース・バイ・ケースですし、個人差もあります。

(12) Blood, G. W., Blood, M., & Danhauer, J. L., (1978) Listeners' impressions of normal-hearing and hearing-impaired children. *Journal of Communication Disorders*, 11, 513-518.

(13) Wright, B. A. (1983) Physical disability: A psychosocial approach. New York: HarperCollins Publishers.

(14) Rauterkus, E. P., & Palmer, C. V. (2014). The Hearing Aid Effect in 2013. *Journal of the American Academy of Audiology*, 25, 893-903.

(15) Most, T., Weisel, A., Tur-Kaspa, H. (1999) Contact with students with hearing impairments and the evaluation of speech

intelligibility and personal qualities. The Journal of Special Education. 33, 103-111.

⒃ Smith, D. H. (2013) Deaf adults: retrospective narratives of school experiences and teacher expectations. *Disability & Society*, 28, 674-686.

⒄ 高橋健次郎・三輪さち子（２０１９）聴覚障害者　精神科に入院50年、朝日新聞、２０１９年２月４日朝刊25面

⒅ 和田匡史・泉修司・窪田和・本間悠介・大平芳則・山口富一・髙橋姿（２０１０）小児発達障害専門施設より難聴を疑われて受診した児の検討、Audiology Japan、53、６７７−６８１

⒆ Kales, J. (2016) Stereotype threat and deaf individuals' English performance. *Gallaudet Chronicles of Psychology*, 4, 26-30.

⒇ e.g., Dweck, C.S., Chiu, C. Y., Hong, Y. Y. (1995) Implicit theories and their role in judgments and reactions: A word from two perspectives. *Psychological Inquiry*, 6, 267-285.

(21) Bebout, L. & Arthur, B. (1992) Cross-cultural attitudes toward speech disorders. *Journal of Speech & Hearing Research*, 35, 45-52.

(22) 実際に周囲や当人が「改善した」「良くなった」等と感じる場合もあることから、話す力は全くの固定された能力というわけではないと考えられます。ただし、人は環境に慣れていくため、ＡさんがＢさんの発話が「改善した」と思うことには、Ａさん自身がＢさんの聞き取りに慣れた（これもＡさんの聴力の変化といえるでしょう）ことを含んでおり、Ｂさんが初めて会う人に発話が通じなかったということはよく起こるといわれます。

(23) そのため、聞こえる者同士の間ではむしろ会話の内容や受け答えが問題となります。「発達障害」という捉え方の素地には予測に沿わないコミュニケーションに対する問いがあったとも考えられます。

(24) 江原由美子（１９８５）女性解放という思想、勁草書房

(25) Murphy, G. L. & Medin, D. L. (1985) The role of theories in conceptual coherence. *Psychological Review*, 92, 289-316.

(26) 「聞こえる」の基準は、「聞こえない」人でない人達を選んだ上での平均ということです。聴覚障害のある人も含めて平均をとれば、異なる大きさの０dBになるでしょう。

(27) e.g. Haslam, N. & Rothschild, L. (2000) Essentialist beliefs about social categories. *British Journal of Social Psychology*, 39, 113-127

(28) e.g., Shinohara, K. & Wobbrock, J. O. (2011) In the shadow of misperception: Assistive technology use and social interactions. *CHI 2011*, May 7-12, 2011, Vancouver, BC, Canada. 705-714.

(29) Southall, K., Gagné, J-P & Jennings, M. B. (2010) Stigma: A negative and a positive influence on help-seeking for adults with acquired hearing loss. *International Journal of Audiology*, 49:11, 804-814.

(30) 津名道代（２００５）難聴―知られざる人間風景〈上〉その生理と心理、文理閣

(31) Bauman, H-D. L (2004). Audism: Exploring the metaphysics ofoppression. *Journal of Deaf Studies and Deaf Education*, 9, 239-246.

(32) この移民のヨーロッパ人達は、既にかなり精錬された手話を用いていたといわれています。このおよそ確立された手話体系が、単に聞こえにくい人の数の問題だけでなく、島民達が手話を受け入れるに至る一因となったと考えられています。

(33) Groce, N. E. 佐野正信訳（１９９１）みんなが手話で話した島、築地書館

(34) ヴィンヤード島で手話が広汎に受け入れられていったのは、聴覚障害者が多かったというだけでなく、島への入植者が当初から手話を用いるコミュニティを形成していたという点が一因ではないかと言われています。

(35) 手話の発祥は聴覚障害者であっても、手話そのものが聴覚障害者のみに限定されない言語となることは、多くの人にとって歓迎されるべきことだと思います。実際、聴者での中にも、手話のほうが自分の思いを表現しやすいと話す人もいます（綾屋、２０１０他）。聴者だからといって、耳で聞き声で話すということが皆できて当たり前ということではありません。騒音下や物の形を立体的に表したい時など、手話のほうが伝えやすいこともあります。高齢になり、耳が聞こえづらくなっても誰もが手話で話せたら、聞こえづらいというだけで音声会話から疎外されることもないでしょう。

(36) Kusters, A. (2010) Deaf utopias? Reviewing the sociocultural literature on the world's "Martha's Vineyard situations" *Journal of Deaf Studies and Deaf Education*, 15, 3-16.

(37) cf. Gergen, K. J. 東村知子訳（２００４）あなたへの社会構成主義、ナカニシヤ出版

聴覚障害者に理解のある米国社会

冷水 來生

米国社会は聴覚障害者に対する理解や施策が進んでいると思うことが多いです。例えば、世界最初のろう者のための大学、ギャローデット大学が1864年に設立されています。また、国立ろう工科大学（NTID）が1967年に設立されています。3年制のこの短大には、ロチェスター工科大学（RIT）への編入制度がありますす。テレビ番組への字幕付与の研究も、1960年代の早い時期から始まっています。このような米国社会形成の契機となったのは、ある人物の存在が大きいように思えます。

その人物とは、トマス・ホプキンズ・ギャローデットです。彼はエール大学出身で、コネチカット州ハートフォード在の聖職者でした。そして同じ地域には、脳膜炎のため聴力を失った娘・アリスを持つ外科医、コグスウェルがいました。コグスウェルは同じく五人のろうの子どもを持つ法律家・政治家のギルバートと協力して、子どもたちの教育に乗り出します。この二人の親たちの願いには、この地ならではの背景があります。すなわち、かれらの住むニューイングランド地方は、かつてイギリスからの清教徒たちが上陸した土地であり、宗教を通じてのコミュニティの結束が固い地方でした。これらの人たちにとって、聖書を読み、理解する宗教教育は大切なことだったのです。

二人はこの地の裕福な人たちの賛同を得たのですが、その中にはコネチカット州議会の議員もいました。彼らはコネチカット州の大臣（昔は州が独立国家だった）らを説得し、この州に何人のろうの子どもたちがいるか調べました。すると84人いることがわかりました。

1815年、コグスウェル医師たちは、アリスの教育に関心を持ったギャローデット牧師に、ヨーロッパに行って聴覚障害児の教育方法を学んでくるように頼みました。すでに1770年代、当時とても有名だったスコットランドのエディンバラにあるブレイドウッド・アカデミーにろうの子を送った親たちが少数ながらいました。ギャローデットも最初はブレイドウッド・アカデミーに行きましたが、彼はこの学校の秘密主義と金を払った者にだけ教授法を授けるという儲け主義に嫌気がさします。

ロンドンに出たギャローデットは、そこに来ていたフランス国立聾学校による教育方法の実演に出会いました。この学校は手話で教育をしており、貧しい子弟からはお金を取りませんでした。教師たちはギャローデットをパリに招き、研修を受けさせます。

1817年彼はろうの教師、ローラン・クレーク (Laurent Clerc) を伴って帰国、ハートフォードにコネチカット聾唖教育指導施設 (Connecticut Asylum for the Education and Instruction of Deaf and Dumb Persons) を開設します。和暦で言えば文化14年です。これが米国最初のろう学校です。のちにアメリカろう学校 (American School for the Deaf) と名称変更がなされますが、今でもハートフォードにはAsylum通りという道路の名が残っています。学校の資料によると、当時大変有名だったのでASYLUMだけで郵便物が届いたそうです。また、初期の米国では、旅行に非常な出費と困難を伴ったので、ろう学校は寄宿学校として建てられたということです。

そして、このろう学校の設立者ギャローデットの息子が、後年世界で初めてのろう者のための大学、ギャローデット大学をワシントンD.C.に設立するのです。

もう一つの伏線があります。それは、ここから300キロメートル弱東のほうにある、マサチューセッツ州沖の小さな島、マーサズ・ヴィンヤード島です。意味は、「マーサのブドウ畑の島」です。

17世紀初頭に英国ウィールド地方ケント州の清教徒コミュニティからの家族が合衆国のマサチューセッツ湾の植民地に移住し、かれらの子孫の多くがマーサズ・ヴィンヤード島に定住しました。最初の定住者として知られるのは、大工であり、農夫でもあったジョナサン・ランバートでした。彼はろう者でしたが、1694年聴者の妻とともに移ってきました。1710年までに移住は終了しましたが、同族結婚によるコミュニティが形成されました。これによって、遺伝によるろうの島民の割合が高くなり、島民のほとんどだれもがろうと聴者の両方の兄弟を持っていたということです。1854年、島はろう者の人口がピークに達しましたが、合衆国の平均でろう者は5728人に一人であるのに対して、島では155人に対して一人でした。島内で最もろう者が集中しているチルマークの町では、実に25人に一人がろう者でした。こうして島では、誰もが島独特の手話が使えました。つまり英語と手話の完全なバイリンガル・コミュニティであり、これが島の手話の伝統の中で生まれた最後のろう者、ケイティ・ウェストが死亡する1952年まで、約200年にわたって続いたということです。

先述のように、チルマークの町はろうの人口が最も高いところでしたが、18世紀までには「チルマーク手話」という明確な手話体系が存在したそうです。たいへん興味深いことに、このチルマーク手話は19世紀にフランス手話の影響を受け、20世紀までに「マーサズ・ヴィンヤード手話」が形成されました。そして実際のところ、島の誰もが流暢さの差はあれ、この手話を使えたということです。

なぜ島の手話がフランス手話の影響を受けたのでしょうか。二つの物語はここでつながります。すなわち、1817年ハートフォードにろう学校ができると、マーサズ・ヴィンヤード島からも多くのろう児たちが、チルマーク手話を携えて入学しました。一方、この学校の先生たちはフランス手話を使いました。子どもたちは学校で覚えたフランスの手話を島に持ち帰ります。これが地域のチルマーク手話と融合して、マーサズ・ヴィンヤード手話が生まれたのです。

また、先生たちの言語はフランス手話でしたが、島以外の、ろうコミュニティがない地域から来た子どもたちは、自分の家庭でのみ通用する身振り、いわゆるホーム・サインを携えて入学します。この学校は、合衆国におけるろうコミュニティ生誕の地として知られるようになり、ここではヴィンヤード島を含む各地の手話体系が用いられました。そしてそれらが融合して、今日のアメリカ手話（ASL: American Sign Language）となったのです。

それではなぜ、島の手話を話すコミュニティは消滅してしまったのでしょうか。まず、島外に出た子どもたちの多くは、島に戻らず本土で暮らすようになります。また ある者は、本土で知り合った遺伝的ろうでない配偶者とともに島に帰ります。そうすると遺伝的ろうの家系は減り始めました。いっぽう、島の産業構造も、時代とともに変化します。最初は島外との接触が乏しい、農業・

漁業を中心とする社会でしたが、20世紀に入ってからは、観光地として注目されるようになります。島には観光客が殺到するようになり、農漁業は廃れていきます。さらに本土との行き来が島の閉鎖的なコミュニティを開かれたものにしていきます。このようにして、島の手話コミュニティは消滅していったのです。現在、島は観光と避暑の地となり、ケネディ家など名家の別荘があるということです。

私は2015年3月半ば、ボストンを拠点に、同じニューイングランド地方にある米国最初のろう学校と手話コミュニティがあった島を訪問してみました。その年の春は非常に寒く、日本からテレビニュースで見る米国の空港は何メートルも雪が積もっていて、道中が危ぶまれました。実際行ってみると現地は灰色の景色でやはり非常に寒く、またマサチューセッツ工科大学（MIT）のあるケンブリッジでは、強風が吹きつけ、通りを歩いていると吹き飛ばされそうになりました。

ギャローデットの創始したアメリカろう学校は、ボストンから南西方向に約160キロ、車で約2時間のところです。事前にろう者である事務局長（Executive Director）のJeffrey Bravin氏と連絡を取ったのですが、所属変更があったかもしれないと思い、この文を書くに際して改めてネットで調べてみました。すると、この人はジェフリー・ブラビンという映画俳優でした。学校内に宿泊施設があるから泊っていかないかとの連絡があったので、泊ることにしました。ところが宿泊した夜遅く暖房が切れ、同行の妻ともども、それまで経験したこともない寒さの中、朝まで震えながら過ごしました。学校の中には博物館があり、いろんなエピソードを物語る品々が展示してありました。

夜は事務局長とそのご家族、先生方らが街のレストランで夕食会を開いてくれました。夫人が小学校の先生をしており、学校では外国語を選択して学ぶ授業があるということでした。私はかねてから気にかかっていたある疑問を、この夫人に投げかけてみました。

実はこの何年か前、日本での話ですが、若いころ交流のあった一人のろう者と、三十数年ぶりに再会しました。彼は「手話言語法」を制定させようと活動をしており、その講演会に彼の名を見つけたので会いに行ったのです。彼はろう者ですが、障害は比較的軽く、音声による会話ができます。ただ出身がろう学校ということもあってか、ろう者であることを選んだようです。お互いにメールアドレスを交換し、間もなく彼からメールがありました。「小中学校で日本手話を教える科目を必修としたい。この構想をどう思うか?」。私は内心、困ったな、と思いました。正直言ってそれは反対です。「母語は自分では選べないけれども、その他の言語は押し付けられてはいけない。選ぶ、選ばないは個人の自由だ。戦前、日本が近隣諸国に日本語を押し付けたという歴史もある」。私には単純に彼と旧交を温めたい気持ちがありましたし、それにこの問題について十分議論したわけではありませんん。そこで、正面から主張を述べることをせず、話をそらしました。曰く「財源はどうするのか?」。それっきり彼からのメールは途絶えました。のちに、彼は自分の意見に賛同する学識経験者を集めているらしいことを知りました。どうやら彼と私の思いは食い違っていたようです。

話を戻します。私は夫人に、日本では手話を小中学校で必修にすべきだという考え方があるが、どう思うか、と聞いてみました。すると夫人の答えは、「私は反対だ。小さいころはまだ自分でものごとを決める力が十分でない。その時期には選択の自由があるべきだ」。このような答えでした。私もその意見に賛成です。

ハートフォードからボストンに戻り、次の日はここからマーサズ・ヴィンヤード島へ出発します。島まで約150キロの距離です。ウッズ・ホールという本土の先端までバスで行き、そこからフェリーで島のティズベリーという船着き場まで渡ります。そこから予約してあったレンタカーで島を一周しようという計画です。フェリーでは、きれいな中年女性と乗り合いました。島の人で、美容師をしているということです。何を話したか覚えていませんが、一つだけ覚えていることがあります。島はかつて捕鯨基地だったらしいので、捕鯨について聞こうと思いました。けれども、話が通じません。日本人の発音が通じないのかと思い、紙に書きました。それでもわからない風です。後で思ったのですが、もしかしたら米国人にとって捕鯨の歴史はタブーなのであり、なかったことにしたいのかもしれません。翌日町の図書館に捕鯨についての本が販売品として置いてあったので、それを買いました。見てみると、ネイティヴ・アメリカンによるオーラル・ヒストリーをまとめた、マサチューセッツ大学出版局からの本でした。先住民による捕鯨の歴史なら書けるのでしょうか。

フェリーを降り、レンタカーの営業所へ行くと人は居ず、キーを挿したままのトヨタ・カムリが置いてありました。島は治安がとてもいいようです。それとも、単に面倒くさいだけなのかもしれません。まず初日はエドガータウンという入江に面した町まで行き、そこに投宿しました。次の日は島をぐるりと回り、いくつかある図書館で手話コミュニティについての資料を探す計画です。結論から言うと、目ざす資料はありませんでした。手ぶらで帰るのも図書館のスタッフに悪いので、何冊か置いてある売り物の書籍の中から、先に述べた捕鯨の本を購入したのです。

建物の多いエドガータウンは、シーズンに入れば賑わうだろうと思いますが、大変閑散としています。ハーバー・ビューというホテルに投宿しましたが、目の前が入江で眺めがよく、小ぎれいで快適なホテルでした(harbor view hotel edgartownで検索すると映像を見ることができます)。

次の日エドガータウンを出発すると、しばらく低湿地が続き、ツルコケモモ(クランベリー)が生えているという表示がありましたが、季節外れでもあり、見えませんでした。これは秋になると深紅の球状の実をつけ、町のスーパーなどでは袋詰めで売り出されます。酸味が強いので、そのままでは食べられず、甘酸っぱいソースにして感謝祭(ニューイングランド地方に初めて上陸した清教徒とネイティヴ・アメリカンの感動的な交流が発祥といわれています。米国の学校では必ずこの逸話を学ぶようです)のロースト・ターキーなどにつけ合わせるようです。私はかつて在外研究員として米国に滞在中、実があまりにも美しいので深い感銘を受け、果実酒にしようと試みました。ジンに漬けてみましたが、失敗しました。数年前、ホームセンターで買ってきた苗を自宅の庭で栽培してみましたが、まばらに小さな実をつけるだけでした。今では地を這う蔓草のような木がほとんど消えかけています。収穫は、広大な畑に水を張り、浮いてきた果実を機械で吸い上げるようです。

時計回りに島をぐるりと回ったのですが、次第に家がまばらになり、林や原野のような風景が続くようになります。最初は島をぐるりと回る予定でしたが、氷雨交じりの悪天候になりましたので、先端のアクウィナという町まで行って引き返します。ろう者の一番多かったというチルマークの町も途中にあります。それぞれの町の図書館も、エドガータウンも含めて訪問しました。建物が立ち並ぶエドガータウンに比べて、現在のチルマークは原野のようにさびれたところでした。

ところで、米国最初のろう学校を設立したギャローデットは、ロンドンでフランス王立聾学校の教師たちの誘いを受け、フランスで研修するのですが、実はここも非常に有名な学校でした。この学校は1760年、カトリック僧、ド・レペ (l'Abbé de l'Epée) が自宅に開いたフリー・スクールが始まりです。彼も、聖書の教えが字を読めないろうの子どもたちに届かないのを憂えていました。彼は、生徒たちはフランス語ができないのに、自然手話 (la langue des signes naturels) で話し合っているのを見て、これをフランス語の習得に利用しようとしました。すなわち、この自然手話にフランス語の文法的な諸要素、たとえば前置詞や複数形にあたるサインを考案し、付加したのです。このような手話を彼は方法的手話 (les signes méthodiques) と呼び、これを用いて子どもたちの教育にあたりました。1789年、フランス革命が勃発します。そして1791年、革命政府は生得的なろうの子どもの教育施設を設立し、ド・レペ神父の事業を国立に移管します。この学校の指導方法が、ロンドでギャローデットがその実演に接したものだったのです。

そしてここからが私の疑問です。米国で1960、70年代、聴覚障害児教育に新たな方法が生まれました。それは、「トータル・コミュニケーション」です。最適なコミュニケーションを実現するために、その人に応じたあらゆるコミュニケーション方法を用いる、というのがその基本的な理念です。具体的には、英語を手話の語彙に置き換えていく方法でした。同時法的手話 (Simultaneous Communication)、略してシムコム (Sim Com)、またはサインド・イングリッシュ (Signed English)、シグリッシュ (Siglish) などと呼ばれます。これがのちにろう者たちの不評を買いました。すなわち、アメリカ手話は英語に従属するものではなく、独立した言語である、と。そしてこの主張は今日まで続きます。

私の疑問は、ド・レペの「方法的手話」は、1960、70年代米国のトータル・コミュニケーションと同じ指導方法だったのではないか、ということです。彼の「方法的手話」は、フランスのろう者たちが使っている手話に、フランス語にはあっても手話にはない要素を付加したものでした。その最終的な目標は、ろう者たちが、聖書の教えをフランス語で理解することでした。この手法は、やはりトータル・コミュニケーションと相通じるのではないかと思うのです。もしギャローデットがフランス国立聾学校から招いた教師、クレークの教育が「方法的手話」を忠実に守るものだったなら、その疑いはさらに強くなります。

一方、寄宿舎での子どもたちのコミュニケーションはどうだったのでしょうか。私は、学校で学ぶ方法的手話に、ヴィンヤード手話など地域の手話、それにホーム・サインが融合してクレオール化したものでコミュニケーションをしていたのではないかと考えています。

クレオールとは何でしょうか。その昔、異国間で交易をする商人たちは、それぞれの国の語が混じった混成語で意思疎通をしていました。これはピジンと呼ばれており、文法規則はほとんどありません。このピジンが次世代の子どもたちに受け継がれると、文法規則（syntax）を備え、独立した言語として機能するようになります。この洗練されたコミュニケーション・ツールがクレオールです。このピジンからクレオールへの過程には、人が生得的に持つ言語能力が介在すると言われています。

この現象は、昔のハワイや米国南部のプランテーションでの外国人労働者たちの間でも観察されています。また、手話でも同じ現象が報告されています。私は、子どもたちが学校で教わる「方法的手話」とは別に、寄宿舎ではこのクレオール手話で話し合っていたのではないかと思います。もちろん私は、これらのコミュニケーションの間の優劣や価値の上下を論じているのではありません。実は私たち難聴者が使う手話も、基本的には日本語を手話に置き換えた同時法的手話なのです。クレオールのように「完成された言語である」とは言えないかも知れませんが、習得すれば便利なコミュニケーション手段であることに違いはありません。話があちこち飛びましたが、ことのほか聴覚障害者に理解のある米国社会、その背景には冒頭に述べた、二つの規模の大きな事跡があるのではないかと思います。

参考資料

Crowley, J.Asylum for the Deaf and Dumb https://www.disabilitymuseum.org/dhm/edu/essay.html?id=38

Martha's Vineyard Sign Language http://en.wikipedia.org/wiki/Martha's_Vineyard_Sign_Language

L'Institut National de Jeunes Sourds de Paris http://

www.injs-paris.fr/page/linstitut
現代思想2000年4月「ろう文化」現代思想編集部（編）
Pinker, S. 1994. The language instinct. New York: HarperCollins.（スティーブン・ピンカー「言語を生みだす本能」椋田直子訳 日本放送出版協会 1995）
Senghas, Ann, Kita, Sotaro, and Özyürek, A.. (2004) Children creating core properties of language: evidence from an emerging sign language in Nicaragua. Science, Volume 305 (Number 5691). pp. 1779-1782.

第4章　高齢期の難聴

佐野　智子

エピソード1

『加齢性難聴』をテーマに公開講座をおこなったときのことです。２００名を超える地域の方々がご参加くださいました。そこで「最近、耳が遠くなったと感じている方は？」と問いかけますと、ほぼ全員の手が一斉に上がりました。続いて、「そのうち耳鼻科を受診した方はいらっしゃいますか」と質問しますと、あがった手が一斉におりました。

エピソード2

別の研修会をおこなったときのことです。参加学生の一人が「祖父は難聴で、補聴器をつけているのですが、あまり聞こえていないみたい。何度言ってもわからないときは『もういい！』と言ってしまう」と話していました。難聴の疑似体験やＶＲ体験を用いた研修後には、「祖父はこんなに大変な思いをしていたのに、孫に『もういい』なんて言われ、どんな思いをしていたのか……」と反省するとともに、コミュニケーションの方法を工夫しますと話してくれました。

これらのエピソードは、高齢期の難聴の課題を示しています。第1に、高齢者は自身の「聞こえにくさ」を自覚しても、すぐに耳鼻科の受診にまでは至らないこと、第2に、加齢性難聴に関する正しい知識が普及していないこと、第3に、当事者や家族はともに適切なコミュニケーションのとり方がわからないことです。総合すると、難聴に関しては「標準的なケア（standard of care）」が確立していないといえるでしょう。

この章では、「高齢期の難聴」の特徴とその影響、コミュニケーションの工夫、および日本の課題について考えます。

高齢期の難聴

高齢期には多くの人びとが難聴を体験します。老化に関する長期縦断疫学研究（ＮＩＬＳ-ＬＳＡ）によれば、難聴有病率は65歳以上で急増し、65～69歳では男性の43・7％、女性の27・7％、80歳以上では男性の84・3％、女性の73・3％にまで上昇します[1]。そして日本の65歳以上の難聴高齢者は約１５００万人以上と推計されています[1]。世界保健機関（ＷＨＯ）は、65歳以上の約三人に一人が難聴と推計しています[2]。難聴はコミュニケーションを困難にし、それによって社会的孤立やフラストレーションなど、高齢者の日常生活に大きな影響を及ぼします[2]。したがって、難聴は重大な健康課題の一つといえます。高齢期に起こりやすい難聴について、聞こえの特徴やその影響を理解し、対策について考えましょう。

(1) 高齢期に多い難聴

高齢期で最も一般的な難聴は加齢性難聴です。加齢性難聴は、加齢以外に特別な原因がないものの総称で、通常は両耳対称性の高音漸傾型感音難聴です。つまり、年齢に伴って両耳がほぼ同じように、高い音から聞こえにくくなるのです。以前は老人性難聴と呼ばれていましたが、加齢による難聴の程度には個人差があり、早い人では30歳代後半から聴力の低下が始まることがあるため、近年、加齢性難聴と呼ばれるようになりました[3]。図1は日本人の平均聴力[4]にスピーチバナナ（会話に使われる音の範囲）を加筆したものです。横軸が周波数、縦軸に閾値レベル、線種が年代を表しています。年代が上がるにつれ、線が下方に描かれていますが、特に8000Hzでの下降が顕著です。つまり、加齢性難聴は、高い周波数の音が聞こえにくくなることから始まり、進行すると低い周波数の音も聞こえにくくなってきま

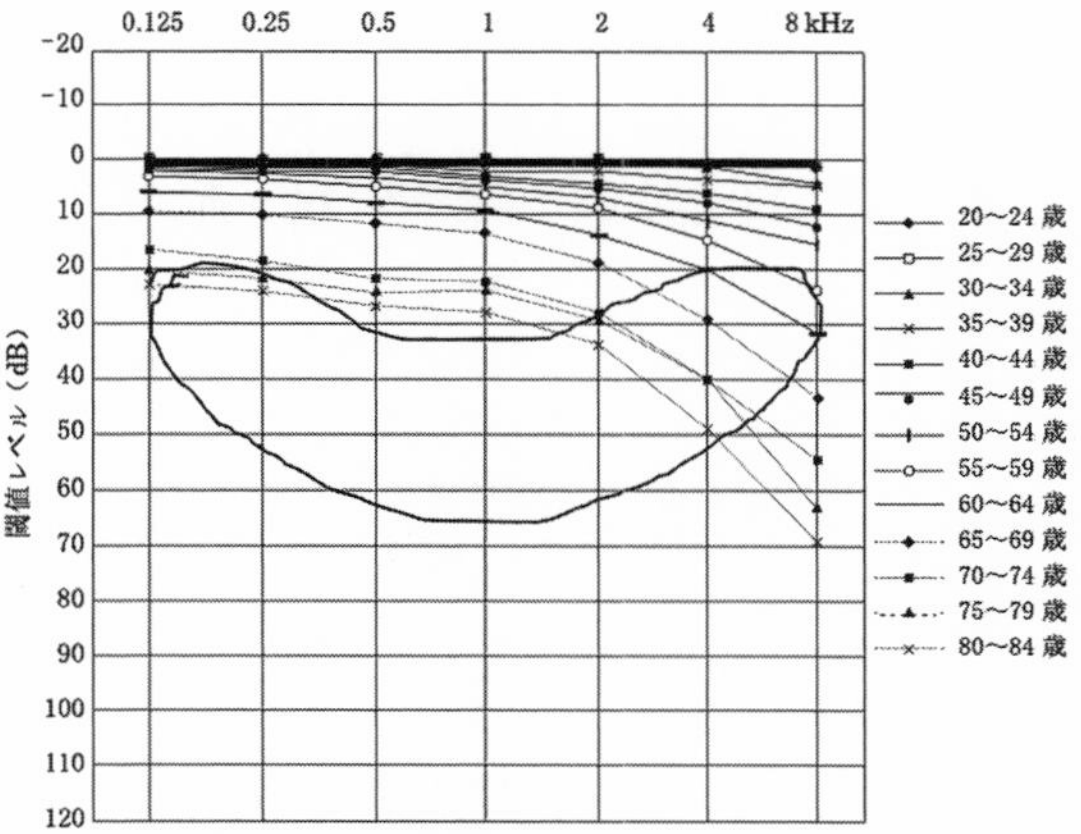

図1　日本人の平均聴力とスピーチバナナ

（立木孝、笹本史朗、南吉昇、一戸孝七ほか（2002）：日本人聴力の加齢変化の研究、*Audiology Japan*、45：241-250にスピーチバナナを加筆したもの）

す。スピーチバナナの右上部分の高い周波数帯域は、k、s、t、hといった子音の範囲ですから、この範囲の聴力が低下すると、言葉の聞きまちがいや聞き漏らしなどが増えてきます。

高い音から聞こえにくくなるのは、内耳の蝸牛にある有毛細胞の脱落や変性、蝸牛の機能維持に重要な役割を果たしている血管の硬化、基底板の弾性の低下、中枢神経系の変化などの結果と考えられています。[5][6]これらの聴覚に関連する変化は、騒音曝露の年数や耳毒性物質の摂取、糖尿病や動脈硬化、虚血性心疾患などと関係しています。[7]Wongら[8]は、こういった複数の要因による、生涯にわたる累積的なダメージの結果、加齢性難聴に至ると述べています。先程、加齢以外に特別な原因がないと述べましたが、それは暦年齢ではなく、身体的な加齢によって生じるという意味です。[9]遺伝的な要因に加え、食事、運動、騒音曝露の年数など、その人がどのような生活を送ってきたかが、複合的に関係しているのです。ですから、すべての高齢者が必ずしも難聴になるわけではありません。なかには、80歳代でも若い頃と同程度の聴力を持っている人も存在します。[1]

つまり、加齢性難聴は予防可能なのです。一度抜けた有毛細胞の毛は、再生されることがないため、感音性難聴は治らないといわれています。ですが、バランスのよい食事と適度な運動、質のよい睡眠によって健康を保ち、大音量で音楽を長時間聴くといった騒音曝露を避けることなどで、難聴を予防できると考えられます。[10]

加齢性難聴のほかに、高齢期によくみられるのは耳垢栓塞です。耳垢栓塞とは、外耳道に耳垢が溜まり、音が伝わりにくくなって、聞こえが悪くなるというもので、伝音難聴に分類されます。40歳以上の日本人の約1割にみられ、高齢になればなるほど、また認知機能が衰えるほど、耳垢栓塞が多くなります。[11] 全国で約９００万人、75歳以上の後期高齢者では約３００万人に耳垢が溜まっていると推測されています。[1] 耳垢で外耳道の約９割が詰まると15～20dB、完全に外耳道を塞がれると40dBの聴力低下になりますが、耳垢だけでそこまで聴力低下することは少ないようです。[12] 感音難聴である加齢性難聴とは異なり、耳垢栓塞の聞こえは改善します。杉浦[12]によれば、耳垢を取り除くことで約７dB聴力が改善するそうです。ただし、自分でとろうとせず、必ず耳鼻科で診てもらいましょう。自分でとろうとすると、逆に耳垢を奥に押し込んでしまったり、外耳道を傷つけてしまったりする危険性があるのです。

(2) 加齢性難聴の聞こえの特徴

難聴というと、音が小さく聞こえるだけと思っている方が多いかもしれません。しかし感音難聴である加齢性難聴は、それだけにとどまりません。加齢性難聴の聞こえの特徴は、①高い音から聞こえにくくなり、それと関連して音の分解能が低下すること、②リクルートメント現象があること、③時間分解能が低下することなどによって生じます。

最初は高い音から聞こえにくくなるので、子音が聞こえにくく、聞き間違いが増えます。例えば、「加藤（かとう）さん」と「佐藤（さとう）さん」、「高菜（たかな）」と「魚（さかな）」など、同じ母音で子音が異なる語と聞き間違えることがあります。また周波数の分解能も低下するため、音が歪んだり、途切れたりして、言葉として認識できないことが増えてきます。背景音と聞きたい話しことばの聞き分けも難しくなり、レストランや人ごみなどのざわついた環境や複数の人が同時に話をしているような状況下で、言葉の聞き分けが困難になります[13]。

リクルートメント現象（補充現象）とは、小さい音は聞こえにくく、大きな音はより大きく、うるさく聞こえ、ちょうどよい音の大きさの範囲が狭くなってしまう現象です。テレビドラマのセリフが聞こえないので、音を大きくしたところ、大声や大きな音楽が聞こえるシーンで、急に音が不快なほどに大きく聞こえるというようなことが起こります。

音情報の時間的な変化を分析する時間分解能が低下することで、早口で話しかけられると言葉が聞きとりにくくなります。反響する環境下での言葉の聞き取りも困難になります。

このような聞こえの特徴は、他者にはなかなか理解してもらえません。それどころか「都合の悪いことは聞こえない」と誤解され、人間関係に影響を及ぼすこともあります。また、高齢者の場合は体調によって聞こえ方が変わることも、周囲の人たちからは理解されにくいです。さらに、言葉が聞きとりにくくなり、話が通じにくくなった場合、認知症と勘違いされることもあります[14]。

(3) 加齢性難聴者と日常生活の困難

難聴によって引き起こされる最大の困難はコミュニケーションですが、それだけでなく、日常生活のさまざまな場面で困難が生じます。例えば、生活に潤いをもたらす音や音楽を楽しめなくなることがあります。鳥のさえずり、風の音や川のせせらぎなどの自然の音が聴こえなくなったり、音楽が以前とは異なって聞こえたりします。

また、聞こえないと不便なことが生じます。家電製品のピーという報知音は、高齢者にとっては聞こえにくい音です。従来の報知音は、すぐに察知できるようにと、ヒトに一番聞こえやすい（小さい音でも耳につく）４０００ヘルツ（Hz）前後の音を使用していました。これは加齢性難聴の高齢者にとっては聞こえにくい音です。そこで近年、高齢者の聴覚にも対応した報知音が設計されるようになりました。現在では２０００Hzの音を使用するというガイドラインがあります[15]。他にも、ドアのチャイムが聞こえず訪問者に気づかないことや、やかんのシューシューという音が聞こえずお湯が沸いていることに気づかないこともあります。さらに聴力の低下が進んできますと、バスや電車の車内放送が聞きとれなかったり、病院で自分の名前が呼ばれていることに気づかなかったりすることも起こり得ます。

危険の察知が困難になります。後ろから近づいてきた自転車や自動車の音が聞こえず、ヒヤリとすることもあるでしょう。東日本大震災のときには、聴覚障害者のなかには緊急放送が聞こえずに、避難が遅れ、犠牲になられた方がいらっしゃいました。難聴によって生命の危険にさらされる可能性があることを、私たちは認識し、対応策を考えなければなりません。

加齢性難聴と健康との関連

(1) 身体的健康との関連

加齢性難聴はさまざまな健康問題と関連しています。65歳以上の高齢者を対象としたミシガン大学の大規模調査によりますと、難聴は全身の疾患リスクに関係しています[16]。難聴の高齢者は、そうでない人に比べ関節炎（1・41倍）、がん（1・35倍）、心疾患系疾患（1・48倍）、糖尿病（1・16倍）、肺気腫（1・41倍）、高血圧（1・29倍）、脳卒中（1・39倍）などの病気のリスクが高まるという結果が出ています[16]。しかしながら、これらのメカニズムについてはまだ解明されていません。

睡眠時無呼吸症候群と難聴との関連を指摘する研究もあります[17,18]。日本の症例では、睡眠時無呼吸症候群と難聴が認められた50歳男性にCPAP療法をおこなったところ、無呼吸が改善するとともに、難聴も平均聴力38・8dBから13・8dBに改善したということです[18]。

聴力の低下と生活の質（Quality of Life; QOL）の低下には有意な関係があります[19]。Dalton et al.は、53歳以上の2688人を対象とした大規模調査を実施しました[19]。オージオメトリーによる純音聴力検査と健康に関連したQOLの指標（日常生活動作〈ADL〉、手段的生活動作〈I-ADL〉、SF-36）、聞こえのハンディキャップ（Hearing Handicap Inventory for Elderly-S〈HHIE-S〉[20]）を実施し、難聴の影響を検討しました。その結果、難聴の重さは聞こえのハンディキャップおよびSF-36の心理的、身体的機能の衰えと有意な相関がありました。中等度・重度の難聴者は、健聴者よりもADLやI-ADLが困難でした。同様の結果は、他の大規模研究でも得られており、中等度・重度の難聴者は健聴者に比べ2・9倍の生活困難がありました[21]。補聴器を装用していない難聴者は、有意に全般的健康が低くなりますが、補聴器を装用した難聴者は健聴者と差がないという研究結果があります[22]。難聴を放置せずに、補聴することが肝要です。

意外なところでは、難聴と転倒にも有意な関係があることが確認されました[23,24]。Linら[24]は、40〜69歳を対象に、難聴と転倒の関係を横断的に検討しました。その結果、難聴レベルが10dB上昇するごとに、転倒の可能性が1・4倍になるということでした[24]。聞こえにくいことで認知的負荷がかかり、それによって注意のリソースの低下を招き転倒が生じたと考えられていますが、今後さらなる検討が必要です。

(2) 心理的影響

難聴は精神的健康や認知機能にも影響します。多くの研究が、難聴と抑うつ状態との関連を指摘しています[25][26]。Saitoら[27]は、65歳以上のうつ症状のない高齢者580名を対象として縦断調査をしましたが、聞こえのハンディキャップがある場合、3年後のうつ症状を予測できるとしています。聴力低下によって、聞き間違いや相手の話が聞こえないことが増え、コミュニケーション上のトラブルが起こったり、前述のような日常生活での困難が生じたりと、さまざまなストレスを体験するためと考えられています。矢嶋らは聴力低下に関連するストレス・イベントは、直接的に精神的健康に影響を及ぼしているのではなく、聴力低下ストレス認知を経由して、間接的に精神的健康に影響を与えるとしています[28]。つまり、ストレス・イベントをどのように超えるのかがポイントとなります。

認知機能への影響に関して、Uhlmannら[29]は、難聴がアルツハイマー型認知症の認知機能低下を予測するかを検討しました。1年後の認知機能の低下は、難聴群は健聴群のおよそ2倍大きく、統計的に有意でした。その後、Linら[30]が、難聴は認知症の独立したリスク要因であることを示しました。中等度難聴で3倍、重度難聴では4・94倍、認知症の発症リスクが高まるという結果でした[30]。厚生労働省の認知症施策推進総合戦略（新オレンジプラン、２０１５年[31]）でも、難聴は危険因子の一つとしてあげられていました。ランセット国際委員会は、予防可能な認知症のリスクは35％で、そのうち最大のリスク要因は、難聴の９％と報告しました[32]。難聴予防が認知症予防になるということです[31][32]。

難聴と認知症の関係に関するメカニズムは解明されていませんが、共通原因仮説、カスケード仮説、認知負荷仮説の三つがあげられています[33]。

共通原因仮説は、加齢による脳の老化には難聴と認知症に共通する神経変性プロセスがあるという仮説です。難聴が認知症を引き起こすといった因果関係ではなく、両者を引き起こす共通の原因があると考えるものです（図２左上）。この仮説によれば、その共通の脳神経変性プロセスを治療することによって、難聴と認知症の両方の状態が改善する可能性があります。

カスケード仮説は、難聴による直接的・間接的な影響が積み重なって、認知に影響を与

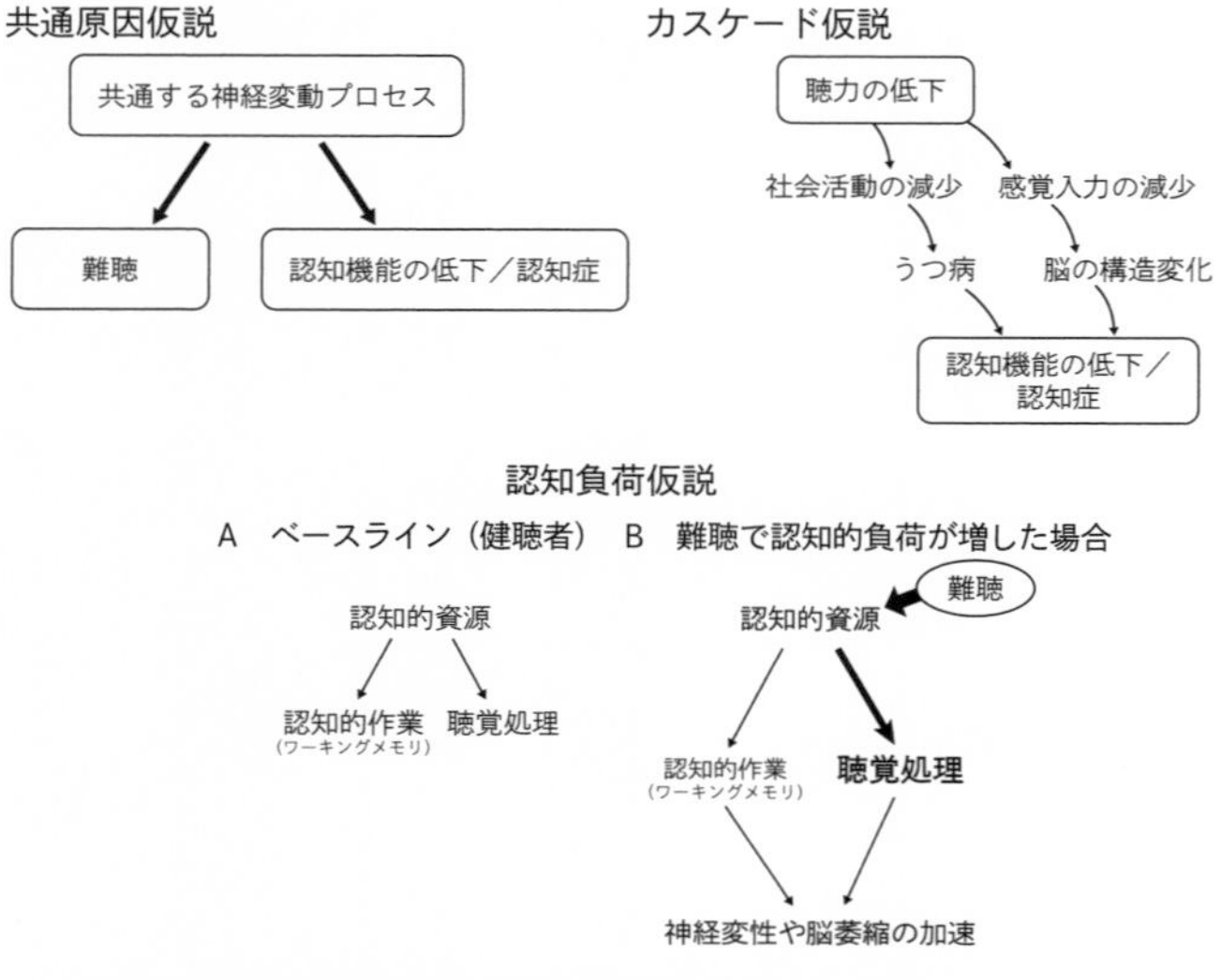

図２　難聴と認知機能低下の関連を説明づける３つの仮説
（Stahl〈2017〉を基に作成）

えるというものです。難聴は直接的に感覚入力の減少を引き起こし、それによって脳の構造が変化し、認知機能の低下につながります。間接的にはコミュニケーションの減少、社会的孤立が、うつや意欲低下を引き起こし、認知機能の低下に至るというものです（図2右上）。

認知負荷仮説は、認知的資源の多くを聴覚的な処理に使うことで、神経変性や脳の萎縮が加速するという仮説です（図2下）。難聴があると、相手の話を聞こうと注意を集中し、認知的資源の多くを聴覚処理に使います。それによって記憶を保つといったその他の認知作業に使用できる資源が減少してしまいます。このような生活を続けているうちに、やがては認知機能が低下するというものです。

(3) 社会的影響

難聴は社会的にも大きな影響を及ぼします。閉じこもりや社会的孤立、孤独感、家族や友人との人間関係の悪化などを引き起こすことがあります。難聴が進むことによって、３人以上の複数での会話や、人ごみやにぎやかな場所での会話に困難を感じるようになります。例えば、状況判断や話者の同定が困難になったり、話者の言葉が聞きとりにくく、聞き返しが多くなったりします。あるいは、聞き返さずにわかったふりをすることもあります。また、後ろから呼ばれてもわからなかったり、挨拶されたのに気づかずに通り過ぎてしまったりということもあるかもしれません。このようなことが続きますと、コミュニケーション上の誤解から、人間関係が悪化することがあります。人との会話が億劫になって社会的参加を諦めてしまい、閉じこもりの危険性が高まります。

そうなると、身体的・心理的健康にも悪影響を及ぼし、負のスパイラルに陥ってしまいます。それを防ぐには、適切な聞こえのヘルスケアが不可欠です。

難聴への対処

難聴による身体的、心理的、社会的な悪影響を避けるためには、早期の対処が必要です。早期に難聴を発見し、早期に補聴することで、さまざまなリスクを回避することができます。その他に環境を整えることやコミュニケーションのコツを知り、実践することで、ストレスが減少し、人間関係も良好に保つことができます。ただし、これらは難聴者本人だけでなく、周囲の人たちの理解と協力が必要です。

(1) 補聴

難聴ケアの第一の選択肢は補聴器です。適切に調整された補聴器を使用することで、多くの場合聞こえは改善します。若い頃のような明瞭な聞こえが戻るわけではありませんが、言葉は聞きとれるようになります。これにより言語コミュニケーションの問題は解決します。聞こえが改善することによって、閉じこもりや社会的孤立の改善も期待できます。また、補聴器を装用することで、不安、抑うつ、怒りなどが減少するなど、心理的にもよい影響がある可能性が指摘されています[12]。他にもQOLを維持することや[21][22]、認知機能の低下リスクを抑える効果があると言われています。Boiら[34]は、難聴とうつ症状が重複している高齢者を対象に、気分や生活の質、介護者の介護負担感への補聴器の効果を検討しました。結果は、有意にうつ症状の改善と生活の質の向上が認められました。さらに介護者の介護負担も減少したそうです。

このような効果があるにもかかわらず、日本における補聴器の装用率は、諸外国に比べ低いのです。補聴器普及率はイギリスやスイスが40％以上、ドイツやフランスでは約35％なのに対し、[35]日本は僅か14・4％です。[36]しかも日本の補聴器所有者の7％は、補聴器を全く使用せずタンスにしまっている、いわゆる「タンス補聴器」なのです。[36]補聴器に対する満足度についても、諸外国が80％前後あるのに対し、日本では39％と低い値です。[36]補聴器の普及率や満足度が低い理由として、補聴器の販売体制が整っていないことがあげられます。[37]

日本以外の先進諸国では、補聴器を販売する人は、国家資格を取得する必要があります。日本では補聴器の専門知識と技能を備えた「認定補聴器技能者」という資格がありますが、協会認定資格で国家資格ではありません。認定補聴器技能者がいる販売店で補聴器を購入することが望ましいのですが、実際にはいない販売店もあるのが現状です。[37]補聴器の調整には約3〜6か月の時間を要しますが、多くの高齢者には、調整が不可欠という認識がありません。販売者が適切な調整や説明を行わなければ、購入した補聴器の装用をやめてしまうことも少なくないといわれています。

また、高齢者や家族には、加齢性難聴や補聴器に関する十分な知識がないため、通信販売で補聴器を購入してしまうこともあります。その場合、調整が全くできないので、補聴器をしても聞こえるようにならず、すぐに装用をやめてしまうことがあります。高齢者が3台も4台も、多い人では14台も「タンス補聴器」を持っていることがあるそうです。[38]このことから高齢者は聞こえないことをすぐに諦めているわけではないことがわかります。何とか聞こえるようにならないかと、高価な補聴器を購入し、それを何度か体験するうちに、補聴器は使えないとあきらめているのではないでしょうか。そして、このような誤った認識が、高齢者のコミュニティでひろがり、補聴器に対する偏見につながるのではないかと考えています。補聴器はメガネと異なり、「見えない音」と「見えない聞こえ」を対象に調整するのですから、技術と時間がかかります。このことは若いうちから教育しておく必要があるでしょう。同時に、補聴技能の専門職や適正な販売ルートの確立も喫緊の課題です。

補聴器を片耳だけ使用する高齢者がいますが、加齢性難聴は両耳性が多いため、両耳に装用したほうが効果的です。人間は両耳によって音の方角や距離を同定していますし、脳への入力という意味でも、補聴器の両耳装用が勧められています。実際に両耳装用者は片耳装用者に比べ、補聴器の満足度が高くなっています[36]。

難聴が重度で補聴器の効果が期待できない場合には、人工内耳が適用になります。近年、日本でも人工内耳手術を受ける高齢者が増加してきています。装用した高齢者には、言葉の聞こえだけでなく、QOLの向上についても人工内耳装用の若者同様の効果が確認されています。

(2) 環境

難聴の問題は、補聴器装用だけで解決するわけではありません。聞こえを補償する環境を整えることも重要です。難聴への環境的対処に関しては、周囲の雑音を減らすことを指摘している研究が多かったです[39]。テレビやラジオを消す、窓を閉めるといったちょっとした工夫で、だいぶ聞きとりやすくなります。視覚的雑音も含めて、周辺雑音を減らすことは、最初に必ず行うべきことです。

テクノロジーの進歩によって、さまざまな機器が使用可能になりました。Eメールやインターネット、音声文字変換ソフト、ロジャーペンのような補聴器の補助器、UDトーク、字幕放送、シルバーホン、ファクシミリ、筆談ボード、光や振動を利用したチャイム、磁気ループシステムや電気通信リレー・サービスなどの活用が有効です。しかし、これらの機器は一般には知られていません。ほとんどのものは、個人で利用できますが、磁気ループシステムや電気通信リレー・サービスなどは、社会的に整備しなければならないものです。オーストラリアでは、地下鉄等の公共交通機関をはじめ、図書館や劇場など公共の場には磁気ループシステムが設置されています。残念ながら、日本はこのようなシステムの整備が遅れています。

(3) コミュニケーションの工夫

まず、本人がとるコミュニケーション・ストラテジー(40)を紹介します。コミュニケーションを促進するストラテジーには、「相手に話を繰り返してもらうように依頼をする」「自分が難聴であることを相手に説明する」などの言語的なものと、「相手の表情に注目する」「よく聞こえる場所に移動する」などの非言語的なストラテジーがあります。一方、コミュニケーションを促進しないストラテジーとして、「わかったふりをする」「会話を避ける」などがあります。高齢者の多くは、無意識的に「相手の表情や口元をみる」ことはしていますが、それ以外の適応的なストラテジーをとることはあまりなく、先述のとおり「わかったふりをする」といった非適応的なストラテジーをとりがちです。なぜ、非適応的な行動をしてしまうのでしょうか。その理由については、まだ明らかになっていません。このような高齢者の心理を解明するとともに、非適応的なストラテジーを減らし、適応的なストラテジーを増やすための方法を研究する必要があります。

手話・指文字も効果的という研究もあります[41]。ですが、加齢性難聴者は話しことばを使用して生活してきたため、手話・指文字を学習してきていない場合がほとんどです。高齢になってから新しいことを学習することには困難が伴うため、手話や指文字を高齢者が学習し使用することには制約があると考えられます。

家族や友人たち、周囲の人びとが加齢性難聴者に対して行うコミュニケーションの工夫は、言語的、準言語的、非言語的、態度・マナーに分類できます。言語的配慮は、「文章は短く、単語は平易に」「わからないときは言い換える」「わからないときは書く」などが多くの研究において繰り返し取り上げられています[39]。高齢者に話が伝わらない場合の対応方法は、単純に同じ言葉を繰り返すのではなく、平易な単語や別の言葉に言い換えたり、筆談をしたりすることが効果的とされています。これは一般的にあまり知られていないと思われます。高齢者施設において、職種や経験の違いによる加齢性難聴への対応方法を明らかにした研究[42]では、筆談を利用することは経験による違いが明白であり、3年以上の経験者では42%だったのに対して、半年未満では16%、学生ではわずか5%にすぎなかったと報告されています。職業経験の中で筆談の有効性が自然と学習されているようですが、このような有効な方法は誰もができるように教育することも必要なのではないでしょうか。

準言語とは、音声に含まれる言語情報以外のもので、声のトーンや口調などのことです。「はっきり話す」「ゆっくり話す」「叫ばない」「自然な声の大きさで」などがポイントとなります。[14][39] 一般的に耳の遠い高齢者に対しては大きな声で話しがちですが、リクルートメント現象があるため逆効果です。むしろ、「適度にゆっくり」と「はっきり」が効果的です。

非言語的配慮には、話すときの位置や振る舞いなどが含まれます。みなさんは、別の部屋から、あるいは相手に背中を向けたまま話しかけることはありませんか。これは、改善すべき悪しき習慣です。まずは、相手の顔が見える位置で話すことが重要です。先行研究で繰り返し推奨されていることは、「近づき」「話す前に注意を引き、突然話しかけない」「話す前にトピックスを伝える」「相手のほうを見て話す（相手に顔を向ける）」「離れすぎず、近づきすぎず適切な距離をとる」「静かな場所で明かりが話者の顔を照らす位置に来るように」などです。[39] また、「ジェスチャーを使う」「口元を隠さない」のように、非言語によって言語情報を伝わりやすくする工夫もあげられています。例えば、医療従事者はマスクをしていますが、これは難聴高齢者にとっては聞きとりにくいのです。この他にも、一般的なマナーである「食べ物が口に入っているときには話をしない」「会話の輪からはずさない」「直接話をする」などや、「話を理解しているかどうか確認をする」「相手が答えるために十分な時間をとる」などの配慮も大切です。[39] これらは、当たり前すぎることですが、私たちはいつの間にか忘れてしまったのかもしれません。これらの配慮は、誰もが誰に対してもできるよう、広く、一般に周知することが必要です。

加齢性難聴をめぐる課題と教育の必要性

(1) 受診の遅れ

高齢期の難聴の課題として、気づきにくいことと、早期受診につながらないことがあげられます。加齢性難聴は緩やかに進行しますし、本人にとって「聞こえていない音」は「存在していない音」ですので、本人が難聴に気づきにくいのです。それ以上に問題なのは、高齢者の場合、本人が最初に聞こえにくさに気づいてから耳鼻科を受診するまでの間に長い時間がかかることです。その期間は5〜10年といわれています[13][43][44]。高齢になるほど聴力低下を過小評価し[45]、コミュニケーション障害が顕著になってから受診するケースが多いのです。その場合でも、本人自ら受診を希望してというよりも、家族に連れられて受診をするケースが多いそうです。ただし、耳鳴りがひどい場合は、自ら受診します。

受診の遅れの要因として、高齢者は仕事から離れていることがあげられます。定職についていれば、毎年健康診断で聴力検査を受けることができますが、退職をするとその機会が減少してしまいます[46]。日本の現状では、自治体が高齢者に対し聴力検査を実施しているところはほとんどありません。また、退職しているため、聞こえにくくて困ること、すなわち難聴によるストレスが少ないことも影響していると考えられます。高齢者の難聴を早期発見するための社会システムがないことが、現在の日本の課題です。

もう一つの要因として、心理的要因があげられます。高齢者たちが援助希求を促進したり、引き伸ばしたりしているのは、①対照／比較、②コスト・ベネフィット分析、③コントロール感の三つの要素が関連しあっているためという研究があります。[47] 例えば、自分の視覚と聴覚を比較して、「聞こえよりも目に関心がある」（内的参照）と眼科を選択したり、自分と他者の聞こえとを比較し、「自分はまだ大丈夫」（外的参照）と思ったりします。耳鼻科に援助を求めれば「聞こえは改善するかもしれない」（ベネフィット）けれど、それは同時に「自分の難聴を認める」（コスト）ことでもあります。また、「難聴を認めること」は一種の喪失であり、補聴器をつけることは自己のコントロール感を低下させ、オージオロジスト（耳鼻科医）のコントロール感を増すというものです。難聴の広範な影響を考慮すれば、高齢者たちが適応的な援助希求ができるよう、心理学的な介入が必要と考えられます。

(2) 「標準的なケア」の欠如

聴覚障害に関する「標準的なケア」が欠如していることは、公衆衛生上の大きな課題です。これは先の受診の遅れとも関連します。聞こえがどのように、どの程度になったらどこに行けばよいか、どこでどのような支援が受けられるのか、補聴器を装用すべき聞こえのレベルはどの程度か、その他の福祉機器にはどのように受けられるか、利用できる制度にはどのようなものがあるか、継続的なサポートをどこでどのように受けられるかなど、聞こえにくくなってからの標準的なケアのルートが明確になっていません。これにより受診が遅れたり、補聴ができていなかったりということが生じています。

筆者は、加齢性難聴の高齢者が補聴器を使用するまでの経緯について、65歳以上の地域住民を対象に質的研究を行いました[48]。健康診断で陽性と判断されたり、耳鳴りがあったり、日常生活で相当な不便を感じて難聴を自覚するようになったりすると、耳鼻科を受診します。が、そこで「ただの加齢ですよ」と、医師が治療に消極的な態度を示すと、補聴器購入を断念してしまうことが明らかになりました。もちろん、きちんと治療をされている耳鼻科医は多くいらっしゃいますが、治療をする医師によっても対応に差があることを示唆しています。

また、先述の通り、補聴器の購入ルートも一般には明確ではありません。聴力の低下はメニエール病や聴神経腫瘍、耳硬化症などの別の疾患が関係していることもあるため、まずは耳鼻科を受診すべきです。その後は、病院の補聴器外来を受診するか、「診療情報提供書」を持参して補聴器販売店へ行くかの二つのルートがあります[37]。いずれのルートでも、まず補聴器を借り、試聴と調整を繰り返してから購入を決められます。このような流れを示している書籍やインターネット情報等もありますが、一般市民にはあまり知られていません。Japan Trackによりますと、補聴器購入までのルートで、自覚してから耳鼻科医やかかりつけ医師と相談するまでに58％が離脱しています[36]。そして、補聴器所有者の54％が「もっと早く補聴器を使用していればよかった」と回答しています[36]。標準的な聞こえのヘルスケアが明確になれば、早期受診が可能となり、より早い時期に適切な治療やケアを受けられるはずです。そして、それを広く周知していかなければなりません。

(3) 教育の必要性

加齢性難聴は累積的ダメージの結果ということを考慮しますと、ライフスパンでの聞こえのケアが重要です。つまり、難聴、難聴予防や補聴に関する教育を、人生の早期から行う必要があります。ポータブル音楽プレーヤーが普及している現在、多くの若者たちが利用していますが、大きな音に毎日さらされているような場合は、将来難聴になる危険性が高まります。大学の授業でこのことに触れると、毎年数名の学生から「すでに難聴になってしまった。もっと早く知りたかった」という声をききます。聞こえのメカニズム、健康を維持するための生活（食事と適度な運動）、難聴を予防するためにできること、聞こえにくくなった場合の対処やコミュニケーションのコツなどについて、早急に教育を整備する必要があります。

聞こえにくさを自覚しても受診にまで至らないのは、どの程度聞こえが低下した場合に受診をすべきかの目安がわからないことが一つの要因として考えられます。受診の目安になるような簡易スクリーニングを実施し、早期に受診に繋げる仕組みづくりも必要です。例えば、指こすり・指タップ音聴取検査[49]を利用し、自宅で高齢者自身がセルフチェックを行い、受診の目安とする方法です。指こすり・指タップ音聴取検査をさらに簡易にしたものが図3です。若い方たちも、ぜひ試してみてください。最初のスクリーニング検査としては有効と考えています。この検査で一回でも聞こえなかった場合は、一度耳鼻科を受診し、正式な検査を受けられるとよいでしょう。

聞こえにくさを感じ始めた場合、定期的（1年に一回）に検診し、聴力の悪化に素早く対応できるようにします。必要なときに補聴器の相談をし、自分にあった補聴器の調整をしてもらうことが重要です。調整に時間がかかることを知っていれば、途中であきらめずに済みます。

コミュニケーションについても、少しの工夫で改善されることをすべての人びとに伝える必要があ

お耳のチェックテスト（ セルフチェック版）

【 準備】

① テレビ，ラジオ，エアコン，換気扇などの音の出る機器の電源を切って，静かな環境を確保してください．

② 手をよく洗い，乾いたタオル等でしっかりと水分をふきとり，指を乾いた状態にしてください．

1【 指こすり検査】

音の出し方： 指こすり音は，人さし指の側面を親指の腹で，弧を描くように軽く，素早くこすります．

● 耳元でカサカサ カサカサと指を4往復程度，素早くこすり合わせます．
これを左右の耳，2回ずつ実施して，聞こえたか，聞こえなかったか，
下記の該当するところに丸印をつけてください．

指こすり 耳元	1回目	2回目
右耳	聞こえた ・ 聞こえなかった	聞こえた ・ 聞こえなかった
左耳	聞こえた ・ 聞こえなかった	聞こえた ・ 聞こえなかった

2【指タップ検査】

音の出し方： タップは親指の腹と人さし指の腹を軽く合わせるようにします．
このとき特に音を鳴らそうとしなくて結構です．ただ，合わせるだけです．
※スナップ音にならないように注意をしてください．

● 耳元で軽くタンタン タンタンと4，5回，親指と人差し指を合わせてください．
これを左右の耳，2回ずつ実施して，聞こえたかどうかを該当するところに，
丸印をつけてください．

指タップ 耳元	1回目	2回目
右耳	聞こえた ・ 聞こえない	聞こえた ・ 聞こえない
左耳	聞こえた ・ 聞こえない	聞こえた ・ 聞こえない

3 【採点】

●指こすり音検査と指タップ音検査の「聞こえた」の丸印の数を数えてください。

図3 指こすり・指タップ音聴取検査スクリーニング（簡易版）の実施方法

ります。環境的な雑音を減らすこと、話しかける前に注意をひくことや伝わりにくい場合は簡易な表現に言い換えることなど、難聴者の家族や友人たちが適切な配慮ができるようにするためにも教育が必要です。一方、難聴高齢者も非適応的なコミュニケーション・ストラテジーではなく、適応的なコミュニケーション・ストラテジーがとれるように、教育をする必要があります。

このような内容をパッケージにして、地域の住民たちが相互に理解し合い、学び合えるプログラムや場を構築したいと考えています。

文献・資料・注

(1) 内田育恵・杉浦彩子・中島務・他（２００１）全国高齢難聴者推計と10年後の年齢別難聴発症率 老化に関する長期縦断疫学研究（ＮＩＬＳ-ＬＳＡ）より、日本老年医学会雑誌、49（２）、２２２-２２７
(2) World Health Organization (2020) Deafness and hearing loss. https://www.who.int/news-room/fact-sheets/detail/deafness-and-hearing-loss（２０２０年3月3日アクセス）
(3) 鈴木光也（２０１０）加齢性難聴「よくわかる聴覚障害―難聴と耳鳴のすべて―」（小川郁編）、永井書店、２０３-２０９
(4) 立木孝・笹森史朗・南吉昇・他（２００２）日本人聴力の加齢変化の研究、Audiology Japan、45、２４１-２５０
(5) 鈴木淳一・小林武夫（２００１）耳科学―難聴に挑む、中央公論社
(6) Gates, G, Mills, J. (2005) Presbycusis The Lancet, 366, 1111-1120.
(7) 内田育恵・中島務・新野直明・安藤富士子・他（２００４）加齢および全身性基礎疾患の聴力障害に及ぼす影響、*Otology Japan* 14、(5) ７０８-７１３
(8) Wong, A.C., Ryan, A.F. (2015) Mechanisms of sensorineural cell damage, death and survival in the cochlea, *Frontiers in neuroscience*, article 58.
(9) 中川雅文（２００９）「耳の不調」が脳までダメにする、講談社
(10) 菅原一真（２０１８）耳にいい生活習慣、小川郁監修「「よく聞こえない」ときの耳の本」、朝日新聞出版、36-40

(11) 杉浦彩子・内田育恵・中島務・他（２０１２）高齢者の耳垢の頻度と認知機能、聴力との関連、日本老年医学会雑誌、第49巻３号、３２５−３２９

(12) 杉浦彩子（２０１４）驚異の小器官、耳の科学、講談社

(13) Dugan, M.B. 中野善達監．栗栖朱浬訳〈２００７〉難聴者・中途失聴者のためのサポートガイドブック、明石書店、78−１７８

(14) 難聴高齢者のサポートを考える研究会（編）（２００１）難聴高齢者サポートハンドブック、34−70、日本医療企画

(15) ユニバーサルデザイン技術委員会（２０１８）家電製品における操作性向上のための報知音に関するガイドライン第２版[改訂]、家電製品協会

(16) Mckee, M.M., Stransky, M.L., Reichard, A. (2018) Hearing loss and associated medical conditions among individuals 65 years and older. *Disability Health Journal*, 11(1), 122-125.

(17) Chopra, A., Jung, M., Kaplan, R.C., et al. (2016) Sleep apnea is associated with hearing impairment: The Hispanic community health study/study of Latinos. *Journal of Clinical Sleep Medicine*, 12(5), 719-726.

(18) 中山明峰（２０１３）睡眠障害が内耳に及ぼす影響、Nagoya Medical Journal、53、１１５−１２１

(19) Dalton, D.S., Cruickshanks, K.J., Klein, B.E., Klein, R., Wiley, T.L., & Nondahl, D.M. (2003) The impact of hearing loss on quality of life in older adults *The Gerontologist*, 43(5), 661-668.

(20) Ventry, I., Weinstein, B. (1982) The hearing handicap inventory for the elderly, a new tool. *Ear and Hearing*, 3: 128-134.

(21) Gopinath, B., Schneider, J., McMahon, C.M., Teber, E., Leeder, S.R, & Mitchell, P. (2011) Severity of age-related hearing loss is associated with impaired activities of daily living. *Age and Aging*, 41, 195-200.

(22) Hyams, A.V., Hay-McCutcheon, M, & Scogin, F. (2018) Hearing and quality of life in older adults. *Journal of Clinical Psychology*, 1-10.

(23) Viljanen, A. & Kaprio, J.P. (2009) Hearing as a predictor of falls and postural balance in older female twins. *Journal of Gerontology. Series A, Biological sciences and medical science*. 64(2), 312-317.

(24) Lin, F.R., & Ferrucci, L. (2012) Hearing loss and falls among older adults in the United States. *Archives of internal medicine*, 172(4), 369-371.

(25) Herbst, K., Humphrey, C. (1980) Hearing impairment and mental state in the elderly living at home. *British Medical Jour-*

nal, 281: 903-905.

(26) Sumi, E., Takechi, H., Wada, T., et al. (2006) Comprehensive geriatric assessment for outpatients is important for the detection of functional disabilities and depressive symptoms associated with sensory impairment as well as for the screening of cognitive impairment. *Geriatrics & Gerontology International*, 6, 94-100.

(27) Saito, H., Nishiwaki, Y., Michikawa, T, et al. (2010) Hearing handicap predicts the development of depressive symptoms after 3 years in older community-dwelling Japanese. *Journal of American Geriatrics Society*, 58(1), 93-97.

(28) 矢嶋裕樹・間三千夫・中嶋和夫・河野淳・硲田猛真・巌良弘・榎本雅夫・北野博也（２００４）難聴高齢者の聴力低下が精神的健康に及ぼす影響 *Audiology Japan* 47、１４９-１５６

(29) Uhlmann, R. F., Larson, E. B., & Koepsell T. D. (1986) Hearing impairment and cognitive decline in senile dementia of the Alzheimer's type. *Journal of the American Geriatrices Society*, 34, 207-210.

(30) Lin, F, Metter, E, O'Brien, R., et al.（2011）Hearing loss and incident dementia. *Archives of neurology*, 68: 214-220.

(31) 厚生労働省（２０１５）認知症施策推進総合戦略（新オレンジプラン）―認知症高齢者等にやさしい地域づくりに向けて

(32) Livingston, G., Sommerlad, A, Orgeta, V., et al. (2017) Dementia prevention, intervention, and care. *The Lancet Commissions*, 390, 2673-2734.

(33) Stahl, S. (2017) Does treating hearing loss prevent or slow the progress of dementia? Hearing is not all in the ears, but who's listening? *CNS Spectrums*, 22(3), 247-250. doi: 10.1017/S1092852917000268

(34) Boi, R., Racca, L., Cavallero, A., et al. (2012) Hearing loss and depressive symptoms in elderly patients. *Geriatrics & Gerontology International*, 12, 440-445.

(35) 日本補聴器工業会、国内の現状と取り組み http://www.hochouki.com/about/report/program.html（２０２０年1月31日アクセス）

(36) 日本補聴器工業会（２０１８）JapanTrak ２０１８調査報告（www.hochouki.com/files/JAPAN_Trak_2018_report.pdf）

(37) 小川郁監修「よく聞こえない」ときの耳の本、朝日新聞出版

(38) 野田寛（２０１７）高齢化社会の難聴・コミュニケーション障害―補聴器適合の重要性、耳鼻臨床、90（３）、３７６-３７７

(39) 佐野智子・森田恵子・長田久雄（２０１５）難聴高齢者とのコミュニケーション―ＩＣＦモデルの視点から―、城西国際大学紀要、23（３）、41-61

(40) コミュニケーション・ストラテジーとは、コミュニケーションをとる上での戦略を示し、言語的・非言語的なものが含まれます。コミュニケーション・ストラテジーは、コミュニケーションを促進するものと、逆に促進しないものがあり、前者を適応的、後者を被適応的なストラテジーといいます。Demorest, M.E., & Erdman, S.A. (1987) Development of the communication profile for the hearing impaired. *Journal of Speech and Hearing Disorders*, 52(2), 129-143.

(41) 北野庸子（１９９６）老人性難聴とコミュニケーション―高齢化社会に向けて―、東海大学健康科学部紀要、２、53–58

(42) 長尾哲男・鎌田篤子・東登志夫（２００３）老人性難聴者の聞こえ方の理解と対応方法の調査―高齢者施設における職種別調査から、長崎大学医学部保健学科紀要、16（２）、１２１–１２６

(43) Frantz, T (2015) *Hearing Loss Facts and Fiction 7 secrets to better hearing second Ed.* The Hear Doc Publishing

(44) Brooks, D.N. (1979) Hearing aid candidates-some relevant features. *British Journal of Audiology*, 13, 81-84.

(45) Uchida, Y., Nakashima, T., Ando, F., et al. (2003) Prevalence of self-perceived auditory problems and their relation to audiometric thresholds in a middle-aged to elderly population. *Acta Otolaryngology*, 123, 618-626.

(46) 水野映子（２００８）高齢社会における聞こえの問題：難聴者の周囲の人が感じるコミュニケーションの悩み、第一生命ライフデザインレポート、28–35

(47) Carson, A. (2005) "What brings you here today?" The role of self-assessment in help-seeking forage-related hearing loss. *Journal of Aging Studies*, 19: 185-200.

(48) Sano, T. and Osada, H. (2016) Pathway of help-seeking for age-related hearing loss. *The 31st International Congress of Psychology* (Yokohama, Japan)

(49) 佐野智子・森田恵子・奥山陽子・伊藤直子・長田久雄（２０１８）加齢性難聴の早期発見に向けた指こすり・指タップ音聴取検査の妥当性の検討、日本公衆衛生雑誌、65（６）、２８８–２９９

難聴者には音・言葉がどのように聞こえるか

勝谷 紀子

　厚生労働省の健康情報サイト「e-ヘルスネット」の難聴の項目をみると「音が耳に入ってから脳に伝わるまでのどこかの段階で障害が起こり、音が聞こえにくくなったり、まったく聞こえなくなったりする症状。」とあり、「音が聞こえにくい、言葉が聞き取りにくい、あるいはまったく聞こえないといった症状のことをいいます」と説明されています[1]。実際、難聴がある人にはどのように聞こえているのでしょうか。

　聴覚障害者を対象としたイベントやワークショップのキャッチコピーで「〝聞こえる人〟と〝聞こえない人〟がつながる」という表現が見られるときがあります。「聴覚障害がある人＝全く聞こえない人、無音の世界にいる人」のように思われかねない表現ですが、難聴者、聴覚障害者のすべてが必ずしもまったく聞こえないわけではありません（もちろん、聴覚をほぼ活用していないろう者や重度の聴覚障害者も存在します）。

　オーディトリー・ニューロパシーという蝸牛神経に問題が起こる病気で難聴を持つ筆者は、定期的に通院して検査や経過観察を受けています。ある時、自分の病気を見つけ出してくださった現在の主治医の先生がひとりごとのようにつぶやいたのは「どう聞こえてるかぜんぜんわからないんだよなー」。難聴に精通している専門の先生に最新の検査機器で調べていただいても、どう聞こえているのか、聞こえにくいのかをわかってもらうこと、わかるように伝えることは難しいのだなと感じたものでした。

　「家庭の医学」や「eヘルスネット」などの一般向けの医学書やウェブサイトでの説明によれば、難聴のうち伝音性難聴では低い音、感音性難聴では高い音が聞こえにくい、加齢性難聴では高い音が聞こえにくいなどと説明されています[1]。疾患によってはさらに耳鳴りがこれらに加わります。ただ、日常生活の中ではどのような聞こえ方、聞こえにくさを経験するか、これらの説明を読んでもわかりにくいかもしれません。

他人の痛覚をそのとおりに感じることができないのと同じように、他人にはどのように音が聞こえているのかをまったく同じように知ることも難しいものです。とはいえ、まったく同じように聞いてもらうことができなくとも、どのように聞こえるのか、聞こえにくいのかを他者がイメージできるようにうまく説明できれば、周囲から必要なサポートを受けられたり、難聴を理解してもらえたりすることにつながるのではないでしょうか。

筆者の場合

難聴のある人にはどのように聞こえるか、筆者自身の例をご紹介します。

ふだんの生活の中では、聞こえているのが人の声だとわかり、日本語らしいとわかり、男女の違いもわかります。それでも、単語がところどころ聞き取れる程度で、全体としての発話内容がわからない時があります。生まれた時から接してきた母国語なのに、まるで習い始めて少しわかるようになった外国語のようです。低い声はまるでひとりごとです。

電話やインターフォンは音が割れて聞こえるので、こちらから一方的に用件を伝えることはできても、通話の相手からの応答を聞き取ることができず、会話が成立しません。込み入った内容はメールで送ってもらうようにお願いしています。

オーディトリー・ニューロパシーだと診断がついてあらためて補聴器をするようになりましたが、人の声の聞き取りはよくなりませんでした。それでも、補聴器があるときと無いときとでは聞こえ方が違うので（図1）、メガネをかけるのと

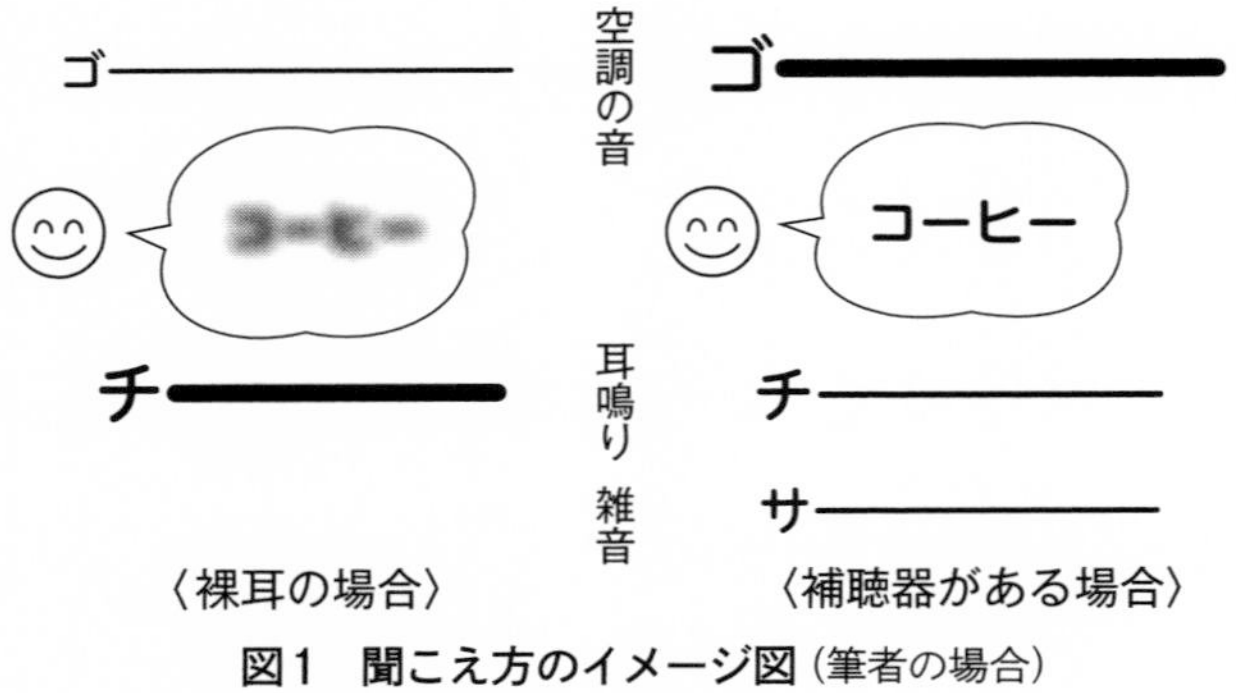

図1　聞こえ方のイメージ図（筆者の場合）

同じように朝から寝る前までずっとつけるようにしています。
2018年朝の連続テレビ小説「まんぷく」の主題歌、ドリームズ・カム・トゥルーの「あなたとトゥラッタッタ♪」（吉田美和・作詞）の歌詞が聞き取りにくいとネットで話題となり、わたしも補聴器などを何もしていない裸耳《らじ》の状態でテレビから聞こえてきたとおりに書き起こしてみました。

まうまってる　えなかに　もらいなきー
なきだっていっしょに　あなたとならたったったー
えっせいも　あーあー　あきがきーたがすー
そらいー　ちちれりも　あっあっ　わたしすごー
わらいれはっきりー　もらいわらーいー
あきられ　あっあっえー　あなたとなあ　たったったー
おおお　おおおおいー　わーいー　わらーい
えいえいおー　うわーいー
それ　えいえいおー　そえ　えきれきも
それ　らっらっらー
うわー
ちゃっちゃちゃちゃちゃちゃちゃ　どん！

丸まってる背中に　もらい泣き
恥じだって一緒に　あなたとならトゥラッタッタ♪
飛行機雲ぼんやり眺む　心ここに在らず
年間トータル　もししたら　付き合うあたしすごい？
とぼけてる眉毛に　もらい笑い
照れだってなんだって　あなたとならトゥラッタッタ♪
頑固で面倒で　腹も立つけど
あなたの情熱は　あたしの誇りで自慢で覚悟なの
もらい泣き　もらい笑い　もらい怒り　もらいっ恥じ　どんと来い！
晴天も曇天も霹靂も　さあ　あなたとトゥラッタッタ♪

実は、すでにテレビの字幕で歌詞を見たことがあるので「正解」を知っていたのですが、それでもこのありさまです。わざわざ「正解」を見なくとも意味をなしていないことがわかると思います。

ものすごくがやがやした混沌？

19世紀に活躍し、「アメリカ心理学の父」とよばれたウィリアム・ジェームズは、赤ちゃんからみた世界を説明した言葉として“Blooming, buzzing confusion”（ものすごくガヤガヤした混沌）という表現をしました。(2) 赤ちゃんはまだ未熟なので、周りの世界にあふれる情報をきちんと知覚できずにがやがやした混沌の中にいるかのようである、ということを表しています。赤ちゃんの場合は、必ずしも混沌とした世界の中にいるわけではないことがその後の研究でわかるのですが、ある種の難聴者がふだん経験している世界にもあてはまっている表現かもしれません。

聞こえにくさ、聞き取りにくさを持つ人はどのように聞こえるかを言葉やイメージで当事者自身が伝えることが、難聴の理解やよりよいコミュニケーションをするためにも重要になるのではないかと思っています。

難聴の人の聞こえ方を調べた研究

ソーシャル・ネットワーキングサービス（SNS）やブログ、エッセイなどにあるような個人の体験談だけでなく、難聴者の聞こえ方を調べた研究もあります。まず、難聴の人はどのように聞こえるのかを調べた研究[3]を見ていきます。次に、聴覚過敏の症状がある患者さんはどのように聞こえているか調べた研究[4]を紹介します。

まず、大内たちの研究[3]では、研究に参加した患者さんに聴力検査に使う検査音を聞かせて、擬声語で表現してもらっています。その結果、感音難聴のある耳、および耳鳴のある耳では聴力が正常な耳にくらべて、いずれの周波数の音においてもより多くの種類の擬声語が使用されていることがわかりました。具体的には、7つの周波数を使いましたが、使用された擬声語の種類の平均数は、聴力が正常な耳で5・7、感音難聴のある耳で9・6、耳鳴のある耳で10・7でした。

次に、音の表現に使われた擬声語の種類とその使用頻度を周波数ごとに調べると、どの周波数でも3つのグループの間で違いがみられました。さらに、代表的な擬声語（ブー、プー、ポー、ピー、キー、チー）がどれだけ使われたか使用頻度を周波数ごとに調べると、やはり3つのグループの間で違いがみられていました。

次に、西山たちの研究[4]では、聴覚過敏の症状を訴えた患者さんを対象に、その過敏症状で自覚的に聞こえがどう感じるかを表現してもらっています。その結果、「響く」が最も多いこと、「割れる」や「二重に聞こえる」は感音性難聴の患者さんに多いという結果となりました。

加齢性難聴の場合では、「響く」「割れる」と感じる人が多く、聴力が正常で聴覚過敏がある患者さんでは大きく聞こえると回答した人が多いことがわかりました。西山たちも指摘しているように、どのように聞こえるのか、病気による細かな違いがよりはっきりすれば、聞こえ方を問診することで背後にどのような病気が潜んでいるのかを探るのに役立つかもしれません。

補聴器や人工内耳をつけたときの聞こえ

補聴器については、さまざまな誤解や偏見があるといわれています。[5] たとえば、「補聴器をすることで健康な人と同じように聞こえる」「補聴器は高齢者が使うもの」といったものです。実際には、補聴器をすることで会話に困らなくなる場合もありますが、必ずしもすべての音がクリアに聞こえるようになるわけではありません。また、高齢者だけではなく、子どもや若年者で補聴器を使っている人ももちろんいます。

筆者も両耳に補聴器をしていますが、音が大きくはなったもののぼやけた感じに聞こえたり、響いて聞こえたりします。まわりの人びとがみんな「滑舌が悪い人」のようなしゃべりかたに聞こえます。一方で、音・音声そのものはよく聞こえるようになって後ろからの声掛けに気づける、近づいてくる乗り物の音がわかる、などよくなった面もあります。

また、難聴が進んだ場合に人工内耳という補聴手段をとられることがあります。手術によって人工内耳を埋め込んだ後、健康な人と同じようにすぐに聞こえるわけではなく、環境に合わせて人工内耳を調整（マッピング）したり、人工内耳を使って音を聞くためのリハビリテーションが必要になります。人工内耳をしたときの聞こえ方やその移り変わりについても、当事者によってさまざまな表現がなされています。たとえば、「人の声が機械の音のように聞こえる」「頭の中を金たわしでこすられているよう」などです。

聴覚障害者を描いたマンガ「淋しいのはアンタだけじゃない」では、人工内耳をした人物が登場します。[6] 耳が良かった頃に馴染み深く聞いていた芸能人の話す声が人工内耳にして2年経ってようやくわかるようになった、と経過とともに聞こえ方が変わっていくことが描かれています。補聴器や人工内耳をつけたときの聞こえ方についても当事者が適切な説明をしたり、図やイメージなどのさまざまな手段で伝えたりすることが、補聴手段の理解やよりよい調整につながるのではないかと期待されます。

難聴者がどのように聞こえるかを知るための試み

最後に、難聴者がどのように聞こえているかを理解するための試みとして、バーチャルリアリティ技術を利用した難聴の疑似体験ツールを紹介します[7]。

難聴の疑似体験ツールは、補聴器メーカーのオーティコンなどが開発した機器で、体験をする際にはゴーグルとヘッドホンを装着します。すると、難聴がある場合で騒がしいカフェでの会話がどう聞こえるか、路上で後ろから車がやってきた時にどう聞こえるかなどを疑似体験できる、というものです。

聴力に問題がない人がこうした機器を装着することで難聴があるとふだんの生活の中でどのように聞こえているかを擬似的に体験できるというわけです。バーチャルリアリティで表現された聞こえ方は、あくまで難聴のある特定のタイプだけに過ぎないことに注意が必要です。また、健康な人の場合はこうした疑似体験で表現された音を健康な耳で聞くわけですから、必ずしも全く同じ経験ができるわけではありません。一方で、難聴者は路上で危険な体験をしやすい、コミュニケーションに加わりにくい、日常生活で必要な情報が得られにくいことの理解につながると期待できます。

文献・資料

(1) 難聴｜e-ヘルスネット、情報提供 https://www.e-healthnet.mhlw.go.jp/information/dictionary/sensory-organ/ys-02.html（2019年8月22日アクセス）

(2) James, W. (1890) *The principles of psychology*, Vol.1 (p.488) Henry Holt and Co.

(3) 大内利昭・國弘幸伸・佐藤彰芳・増野博康・小形章・神崎仁（1990）聴力正常耳、感音難聴耳、耳鳴耳の自発的擬声語表現に関する比較検討、*Audiology Japan*、33(6)、775-783

(4) 西山崇経・新田清一・鈴木大介・坂本耕二・齋藤真・野口勝・大石直樹・小川郁（2019）聴覚過敏症状の自覚的表現についての検討、*Audiology Japan*、62(3)、235-239

(5) 山口利勝（2003）中途失聴者と難聴者の世界―見かけは健常者、気づかれない障害者―、一橋出版

(6) 吉本浩二（2017）淋しいのはアンタだけじゃない（3）、小学館

(7) 難聴者の世界をVRで体験―MIRAIMAGINE（ミライマジン）、NHK https://www.nhk.or.jp/shutoken/miraima/articles/01338.html（2019年9月3日アクセス）

第5章　難聴者・中途失聴者の心理臨床的理解

今尾　真弓

これまで聴覚障害を持つ人びとを対象とした研究は、ろう児や高度難聴児を対象とした教育・指導に関する検討が大半であり、聴覚障害児・者の心理臨床的問題にはあまり目を向けてこられませんでした。おそらくこの最たる理由は、聞こえの問題が言語獲得、言語発達の遅れに決定的な影響を及ぼすため、ろう児や高度難聴児への教育的介入が重視されてきたからでしょう。聴覚障害者の心理臨床的問題について本格的に取り上げられるようになったのは、ごく最近のことなのです(1)(2)(3)(4)。

心理臨床的問題とは、精神障害や心身症、病気とまではいえない不適応行動など、さまざまな心理的問題のことです。これらの問題は誰にも起こり得ますが、いずれの場合もさまざまな要因が複雑に絡み合って起こります。例えば、その人自身の能力や特性、パーソナリティや価値観、置かれている社会的背景、家庭環境、発達段階、対人関係等の要因が含まれます。難聴者・中途失聴者においてもこれは同じです。難聴・中途失聴という問題が心理臨床的諸問題を直接的に引き起こすわけではありませんし、それのみが心理臨床的諸問題の原因となるわけではありません。したがって、難聴・中途失聴が、その人にとってどのように経験され、その人自身の発達の過程にどのように影響を及ぼしてきたのか、その過程を丁寧にたどりつつ、その人の体験世界をとらえていくことが重要となります。本章では、難聴・中途失聴という体験世界への理解を深めるにあたり、心理臨床的に重要となる事柄について述べていきたいと思います。

聞こえの問題の歴史と聞こえの多様性・個別性

難聴者・中途失聴者の体験世界を理解するにあたって必要となるのは、その人自身の聞こえの問題の実際を把握することでしょう。まず、難聴・中途失聴による聞こえの問題が、その人の人生のどの時期から始まったのかを知ることが重要です。つまり中途失聴者であれば、失聴した時期が、音声言語獲得後のいつの時期なのか、難聴者であれば、先天的なのか後天的なのか、後天的な難聴であればいつ頃から始まったのか、ということです。なぜならこれは、難聴・中途失聴者が、自身の聞こえの問題をどのように受け止め認識しているのかに強く影響するからです。

難聴の場合、残存聴力や難聴の種類（感音難聴、伝音難聴、混合難聴）によって、聞こえの問題（聞き取りにくさ）は異なるため、困り感や不便な場面もさまざまに異なってきます。例えば低音が聞き取りにくい場合には、耳閉感（耳がふさがったような感じ）による聞きづらさが生じることが多いと言われています。一方で高音が聞き取りにくい場合には、子音が拾いにくく、音の聞き分け（弁別）が困難になる聞きづらさが生じることが多いといわれています。ひと口に難聴といっても、その聞こえにくさは個々に異なり、画一的に理解することはできないのです。このような、聞こえの問題の多様性と個別性に留意することが必要でしょう。

聞こえの問題が引き起こす困難

前節では、聞こえの問題の個別性と多様性について述べましたが、ほぼすべての難聴者・中途失聴者が日常生活で直面する困難は、ある程度共通しているようです。その一つが、日常生活を送るうえで重要な情報が入りにくいということです。ＮＨＫハートネット福祉情報総合サイトでは、聴覚障害者が日常生活で困ることについて１００人の当事者について尋ねていますが、①情報が入ってこないこと、②情報を伝えることができないこと、③誤解されること、の順で多かったという結果が出ています。[5] ①に関しては、鉄道が緊急停止したとき等の車内アナウンスや、災害時のさまざまな情報、病院の呼び出し等、一般に音声でしか伝えられないもので、かつ、重要な情報を手に入れられないということです。②に関しては、電話を使えない（使うのが難しい）ということです。例えば１１０番や１１９番の緊急ダイヤルやエレベーターの非常時通報ボタンは、いずれも生命にも関わる緊急性の高い場面であり、電話が使用できない聴覚障害者にとっては深刻な問題でしょう。また、クレジットカード紛失の連絡や、ドライブスルーでの注文も、音声のみでのやりとりとなります。この調査結果を見ると、私たちの日常生活において重要な情報の多くが、音声で伝えられているということに気づかされます。なお近年、スマートフォンの普及に伴い、音声による緊急通報が困難な人びとのためのアプリが開発・導入されるようになりました[6][7]。また、音声認識技術の発展に伴い、通話内容をリアルタイムで文字変換する「みえる電話（ＮＴＴｄｏｃｏｍｏ）」アプリや、「電話リレーサービス（日本財団）」[8]の試験的導入も始まり[9]、①や②の困難の一部は、徐々に解消されるようになってきています。

③に関しては、挨拶が聞こえなかったことを「無視された」と勘違いされるなどのエピソードが挙げられています。これらは聴覚障害の見えにくさ、周囲の理解の得にくさという、周囲とのコミュニケーションの問題の根幹をなすと考えられます。これらの問題については次節のコミュニケーションの問題の中で詳しく述べていきます。

コミュニケーションにおける問題

コミュニケーションとは、人と人との間で行われる、知覚・感情・思考の伝達や意思疎通、相互理解のことで、私たちが日常生活の中で、周囲の人びととの間で交わしている何気ない行為すべてを指します。村瀬[1]が、「コミュニケーションにおいて、聞こえることは決定的な意味を持つ」と述べているように、音声言語はコミュニケーションにおいて中心・かつ決定的な位置を占めます。したがって、難聴者・中途失聴者にとって、周囲の人びととのコミュニケーションは必然的に困難を伴うものとなります。

難聴者・中途失聴者は、１対１のコミュニケーションでは相手の口の形や動きも見て情報を集め、相手の言葉を推測し、なんとか成立させることができますが、三人以上でのコミュニケーションとなると、相手の口の動きも見づらく、その場の会話についていけず取り残されがちです。また難聴者の場合、静かな場所での会話はなんとか聞き取れても、騒がしい場所においては、聞き取りが困難となります。したがって、会議などの広い場所での音声のやり取りや、複数人の懇談や雑談では、その場の議論や話の流れについていくことが困難となります。

しかし、単なるコミュニケーション（音声情報のやりとりという意味でのコミュニケーション）の支障以前に、難聴・中途失聴という問題自体が、周囲の人びとから理解を得にくいという要因を孕んでいます。最たる理由は、難聴・中途失聴が、外見に表れにくく、他者から見えにくいことでしょう。また、前節で述べたような、聞こえにくさの多様性・個別性が、健聴者にとって追体験が難しく、想像がつかないというのも大きな理由でしょう。吉本[10][11][12]は聴覚障害者の取材をもとに描いた漫画作品のなかで、聴覚障害者の聞こえづらさを、吹き出しや描き文字等の漫画独自の方法でわかりやすく表現しています。これらを見ると、聞こえづらさや聞こえにくさ、音のない世界を、言葉や文章のみで表現することの難しさを痛感させられます。

山口[13]は、聴覚障害が外見に表れないことに加えて、聞こえの問題がもたらすコミュニケーション障害の様相も見えにくいと述べています。この見えにくさには複数の要因が層をなしていますので、これらについてみていきたいと思います。

まず、難聴者・中途失聴者は、音声言語を獲得している人びとなので、健聴者と変わらず流ちょうに話すことは可能です。しかしながら、一般的には、聞くことと話すことは不可分に結びついているため、普通に話せる人が、相手の話は聞こえない／聞こえにくい、と周囲が理解することが難しいのです。

難聴者においては、聞こえにくい、ということを他者に説明することにも困難が伴います。「耳が悪いので……」と相手に伝えたところ、相手から単に大声で話されてしまっただけだったという経験は、多くの難聴者において身に覚えのある出来事でしょう。音は聞こえているが、何を言っているのかわからないという難聴の問題が、その人自身の理解する能力の欠損や不注意の問題と解釈され、傷ついたというエピソードも珍しくありません。

また先天性の難聴者は、「普通に聞こえる」ということを体験したことがありません。そのため、自分の聞こえの体験を、健聴者の聞こえの体験と比較することがそもそも不可能です。特に幼少期においては難聴者自身が、何が聞こえていて、何を聞き落としているのかをよく理解できていない場合もあります。したがって、自分自身の聞こえにくさを言語化し、他者に説明することが困難なのです。江時は、「学校でも会社でも、難聴のことは隠したりごまかしたりして、なるべく健聴者のふりをしている」、と述べています。(14) そもそも聴こえの問題があることは、誰にでも開示できるわけではありません。なぜならこれは「カミングアウト」という行為にもなるからです。つまり、不可視で公にされていなかった「聴覚障害」という自身の属性を相手に打ち明け、可視化することとなるのです。ゆえに、難聴者・中途失聴者の多くは、聞こえの悪さを周囲には明かしません。これは社会学者のアーヴィング・ゴッフマンが、「パッシング」と呼ぶ対処方法と酷似しています。(15) パッシングは、「素性を隠しての越境」のことであり、さまざまな方略を用いて不可視な病気・障害等の望ましくない属性を他者の目から覆い隠し、〝普通の人〟としてふるまうことです。難聴者・中途失聴者にとって、自身の聞こえの問題を相手に開示することが有効ではない場合が多いため、結果として消極的なパッシングを行うことになるのです。これによって、聞こえの問題がさらに不可視となっていくという連鎖を生むと言えるでしょう。

家族との関係をめぐって

前節では、コミュニケーションをめぐる問題について述べましたが、家族間のコミュニケーションの問題は、少し異なる様相を帯びるようです。家族なのだから、中途失聴者・難聴者の日々のコミュニケーションの難しさについてはよくわかってくれるに違いない、一般的にはそのように思われているのかもしれません。しかし聴覚障害に限らず、あらゆる障害や病気を抱えた人びとにおいて、家族の理解が得られないという悩みが語られることは珍しくありません。ここでは家族とのコミュニケーションで起こりえる問題について述べたいと思います。

まず、先天的な聴覚障害児の親の90％は健聴者であることはよく知られています[16]。そして聴覚障害を持って生まれた乳幼児の親子に対しては、早期支援・介入が行われていますが、それは、聴覚障害児の早期教育・支援を実現するために親の理解・協力や親子間の円滑なコミュニケーションが不可欠となるからです[17]。なかには健聴者である親自身が聴覚障害の子どもを育てることや、聴覚障害という事実を受け止めることが難しい場合もあるでしょう。聞こえの問題ゆえに母子間のコミュニケーションが円滑さを欠いた場合、母子の愛着形成に支障が来され、結果として子ども自身のパーソナリティや人間関係、社会適応に影を落とす可能性があることが指摘されています[18][19]。また、軽度の難聴の場合は、幼少期の時点で気づかれず、知らないうちに親子・家族間のコミュニケーションが、難聴の影響を受けている場合もあるでしょう[20]。また河崎は、健聴者の家族の中に生まれてきた聴覚障害の子どもの多くが、食卓や団らんの場で会話から取り残され、寂しい体験を重ねてきていることを指摘しています[21]。以上から、先天性の難聴者の場合、その人自身の幼少期において、自身の聞こえの問題を親が受け止めてくれていたのか、さらには家族の中で居場所があったのか、あったとすればそれはどのような居場所だったのかということに思いを馳せる必要があるでしょう。

中途失聴者においても、家族との関係に困難を伴うことが報告されています。山口[13]や藤田[22]は、家族の団欒に加われない疎外感や、なんとか団欒に加わろうと努力しても、いら立ちや怒りの反応を示されたり、「たいした話ではないから」と会話に加われなかったりしたという体験を述べています。中途失聴者の場合、家族は「健聴者」として普通に会話ができる姿を見続けてきたがゆえに、その人を「失聴者」としてとらえなおし、家族関係やコミュニケーションのかたちを変容していくことが困難なのでしょう。家族であるからこそ、聞こえない家族に対して、伝わらないことへのイライラや怒りといった素の感情が遠慮なくぶつけられがちなのかもしれません。

また藤田[22]は、中途失聴者は、例えば町内会や近所づきあいなど、日常生活の雑事を健聴の家族に任せがちとなり、結果として消極的・傍観者的な立場になる傾向があると述べています。失聴者にとってこのような雑事は負担の大きいことであり、それを代替することは聞こえない家族への思いやりなのかもしれません。しかしながらそれが結果として、家族や社会からの孤立感や無力感、疎外感を生むという側面もあることを藤田[22]は指摘しています。このように、日常生活を共にする家族との関係のあり方が基点となって、社会との関係の困難が生まれるリスクを孕んでいると言えるでしょう。

対象喪失としての中途失聴

ここでは中途失聴に関して、先天性難聴と比較して特に考慮すべき点について述べたいと思います。それは先天性あるいは幼少期の聴力欠損の場合は、聞こえにくいことが当たり前であるのに対し、中途失聴は聴力を「喪う」という強烈な体験となり得ることです。これは聴覚障害に限らず、他の多くの障害・病気にも通底します。

私たちは人生の中でかけがえのない大事なものを喪うという経験をすることがあります。これを「対象喪失（object loss）」と呼びます。たとえば肉親との死別・離別といった愛情や依存対象の喪失や、転居や卒業に伴う慣れ親しんだ環境の喪失、身体の一部や身体機能の喪失、自己イメージの喪失など、その人にとって重要なあらゆるものが含まれます。[23] 中途失聴が、社会生活を営む上で重要な聴覚機能を損失するという重大な喪失体験となることは言うまでもありません。

重大な喪失体験を自分なりに受け止め、心の整理をおこなっていく作業は「喪の作業（mourning work）」と呼ばれますが、それはその人自身のその後の人生を左右しうる重要な心の営みです。自身にとってかけがのないものを喪ったとき、私たちはその事実をすぐに受け止めることは困難です。あまりの衝撃に、受け入れがたい、認めたくないという気持ちに圧されるでしょう。その事実をその人なりに受け止めていく作業には痛みや苦しみが伴います。またその心の営みは三者三様であり、かかる時間も異なります。周囲の人びとはその心の作業を見守りつつ、寄り添って理解することが必要でしょう。なお、中途失聴者の家族においても、喪失体験は起こります。家族は、健聴者から中途失聴者へのイメージの転換を迫られますが、これは決して容易ではないでしょう。

中途失聴によって喪うものは、聴力だけではありません。その人自身の〝健聴者〟としての自己イメージやアイデンティティ、家族や友人などの重要な他者との関係、さらには職業や人生の展望も喪われる場合があります。中途失聴者は失聴をめぐる多重な喪失体験に対しても、喪の作業を通して、現実の再構成を迫られることになるのです。この作業がうまく行われない場合には、心理臨床的なケアが必要となる場合もあります(22)。

モーニング・ワークは、その人自身が失聴という重い事実を受け入れていく作業でもあり、その人自身の障害の認識に直結します。さらにはその後の人生をいかに歩んでいくかという重い課題に直結する重要な心の営みとして受け止めることが重要でしょう。

感覚世界のちがいという視点

ここまで、難聴者・中途失聴者が日常生活・社会生活で遭遇する困難について述べてきました。しかし、聴覚が人間の五感の一つと捉えた時、単なる聴覚の欠損ではなく、生理的レベルでの感覚世界のありようのちがいという視点から人びとの体験世界を理解する可能性が拓かれてきます。

自らも中途失聴者である津名(24)は、「生理的現実」という語を用い、聴覚障害という感覚器の障害の生理が、その人の心理・行動に大きく作用すると述べています。津名は、失聴前よりも失聴後のほうが、防空頭巾をかぶることに恐怖を覚えたと述べています。それは、聴覚に欠損がある者は、聴覚以外の感覚（視覚や触覚など）を生理的なレベルで無意識のうちに頼りにしているため、左右の視野を狭め、頬や首筋・後頭部の感覚を鈍くする防空頭巾の着用が恐怖となったのではないかと述べています。また藤田[22]は、聴力が低下してから視覚情報に鋭敏になったと述べていますが、実際に、音声情報を十分に取得できない聴覚障害者において、それを補うために視覚情報に頼る傾向があり、その結果、視覚情報の取得や処理の能力が秀でる傾向があることが知られています[25]。

さらに津名[24]は、難聴者の描く絵において、近景と遠景の描かれ方との間に異質性があり、近景が空疎であるのに対し、遠景は生き生きと濃密に描かれる傾向があるという私見を述べています。そして健聴者が見ている外界と難聴者が見ている外界は異なるのではないか、難聴者においては外界認識に生理的な水準の独自性があるのではないか、さらにそれは難聴と言う生理の「個性」かもしれないと、今後の検討の余地を残しつつ述べています。

このように、感覚世界や外界認識のありようには、健聴者のそれとは異なる独自性があると認識することも、中途失聴者・難聴者の体験世界の理解に当たって重要な視点といえるでしょう。

軽・中等度の難聴をめぐって

聴覚障害児・者を対象とした研究は、聴力損失の程度が高い、ろうや重度難聴が大半であり、軽・

中度の難聴児・者に関しては、周辺的な扱いであることがほとんどでした。その背景には、日本における聴覚障害の基準が国際的な基準と比較して厳しいために、公的な支援対象とみなされてきていないという社会制度上の問題があります。つまり日本では多くの難聴者が、〝健聴者〟として扱われてきているのです。そして社会の中で〝健聴者〟と位置づけられている以上は、自ら試行錯誤しながら、聞こえの問題に対処するための工夫をこらしていくしかないのが現状でしょう。

軽・中度の難聴者は、全く聞こえないわけではないが、十分に聞こえていない人びとです。「きこえないわけではないが、健聴者と同じようにはきこえない」「きこえないときと、きこえるときがある」[26]とも表現されます。彼らは不十分な聞こえの中で、相手の口の動きや表情など手がかりとなるものを必死に探りながら、時には聞こえたふりをして、その場をやり過ごし、切り抜けるスキルを自ずと身に着けていきます。聞こえたふりをするのは、話の流れを止めないように、そして周囲の人びととの関係に波風を立てないようにと考えるからです。まわりの人びとが何が可笑しくて笑っているのか聴きとれなくても、周囲に合わせて笑うこともあります。[26][27]このように、自分なりに聞こえの問題を〝補償する〟という意味でも、〝覆い隠す〟という意味でも〝カバー〟する自助努力をおこなっていくことは欠かせないのです。

なかには、聴覚の補償能力、つまり聞き取った情報の断片から、聞き落とした情報と話されている内容の全体を推測するという作業がおこなわれる場合も多いでしょう。梶山はこの作業について、「ききとれた部分をパズルピースのように組み合わせ、細い糸を紡ぐような感覚で内容をつかんでいく、一瞬も気をゆるめることのできない、努力と集中の連続でもある」と表現しています。[26]聴覚を補償するスキルには、豊富な知識や幅広い経験が必要であり、誰もがすぐに身につけることができるわけではありません。また相当の注意力・集中力が必要となり、その負担の大きさは計り知れません。

そして、このようなさまざまな努力にもかかわらず聞こえなかった経験が、自尊感情の傷つき体験につながることを河崎は指摘しています。[26] つまり、聴力の問題ゆえに理解できなかったり、聞こえなくても聞こえたふりをしたりしたことが、結果として自身の理解力や注意力等の問題として否定的に評価され、「聞こえない自分が悪い」などと、自分自身に対しても否定的な評価を下してしまうことになるのです。

田垣[28]は、聴覚障害に限らず、障害が軽い人びとは重度の障害を抱える人とは異なる困難や辛さに直面することを指摘しています。軽・中度の難聴者における試行錯誤や自尊心の傷つきも、その困難の一つと言えるでしょう。軽・中度難聴者ゆえに抱える困難の一つひとつを丁寧に捉えていくことが必要でしょう。

難聴者・中途失聴者のこれから

医療技術の進歩に伴い、新生児の難聴スクリーニングによる早期発見・診断が可能となり、より高度な人工内耳・補聴器といった医療機器も開発されるようになりました。現在はできるだけ早い時期に人工内耳手術や補聴器装用を行うことが推奨されています。[29] しかしながら、人工内耳も補聴器も、健聴者と同水準の聴力を補償するものではありません。つまり健聴となるのではなく、難聴の状態にとどまるということはあまり知られていません。かれらは、社会の理解や支援が未だ不十分な世界に入っていくのです。またWHOは2018年に、聴覚障害者の数が世界レベルで増加していることを警告しました。(30) 加齢による難聴や若者におけるヘッドホン等大音量による難聴、薬剤や疾患が引き起こす難聴など、原因はさまざまです。日本においても今後、聞こえの問題を抱える人びとの増加が想定されており、今後、きこえの問題に対する社会の理解が進んでいくことが望まれます。

ところで近年、障害者の社会参加や支援のあり方に大きな変化が起こりつつあります。直近では2016年4月に制定された「障害者差別解消法」に基づく合理的配慮が、障害を持つ人びとのよりよい社会生活を実現する契機として注目されています。合理的配慮とは、「障害者が他の者と平等にすべての人権及び基本的自由を享有し、又は行使することを確保するための必要かつ適当な変更及び調整であって、特定の場合において必要とされるものであり、かつ、均衡を失した又は過度の負担を課さないものをいう」と定義されています（障害者の権利に関する条約第24条）。つまり、障害のある人が障害のない人と平等に人権を享受し行使できるよう、一人ひとりの特徴や場面に応じて発生する障害・困難さを取り除くための、個別の調整や変更を当事者の生活する場で提供していくことが求められています。

難聴者・中途失聴者はいずれも合理的配慮の対象となります。聞こえの問題ゆえのさまざまな困難や、自助努力による負担が、合理的配慮により軽減されていくことは、非常に望ましいことでしょう。しかしその一方で、課題や問題も残されています。聴覚障害者において最も大きな問題は、合理的配慮による必要な支援と引き換えに、自身の障害を認識し、それが周囲に可視化されることに合意しなければならないという点でしょう。なぜならば、障害者自身が支援を受けたいという意思の表明を行わなければ支援が実現しないからです。松崎[31]は、大学における聴覚障害学生の合理的配慮を実現するためには、障害学生自身が自身の聞こえの問題による障壁を認識し、意思表明ができるようになることへの支援、つまり「支援を受けるための支援」が必要であると指摘しています。「健聴者」として生きてきた軽・中度難聴者の場合、支援を受けるということをきっかけに、障害認識の道が拓かれるケースも増加しています[27]。したがって、「支援をうけるための支援」を実現するためにも、本章で触れた臨床心理学的な観点からの理解が重要となるでしょう。そして本章がその一助となれば幸いです。

見えにくく、理解を得にくい、そして声を挙げにくい難聴者・中途失聴者の問題が今後、少しずつ可視化され、難聴者・中途失聴者が自身の聴こえの問題を語る「ことば」を得ていくことを願い、本稿を締めくくりたいと思います。

文献・資料

(1) 村瀬嘉代子（1999）聴覚障害者の心理臨床、日本評論社
(2) 村瀬嘉代子・河崎佳子（2008）聴覚障害者の心理臨床（2）、日本評論社
(3) 河崎佳子（2004）きこえない子の心・ことば・家族—聴覚障害者カウンセリングの現場から、明石書店
(4) 村瀬嘉代子（2005）聴覚障害者への統合的アプローチ—コミュニケーションの糸口を求めて、日本評論社
(5) NHKハートネット福祉情報総合サイト（2018）これだけは知ってほしい！聴覚障害のある人たちの悩み、https://www.nhk.or.jp/heart-net/article/46/（2020年1月31日アクセス）
(6) 警察庁110番アプリシステム、https://www.npa.go.jp/bureau/safetylife/110/app/（2020年4月27日アクセス）
(7) 消防庁　Net119緊急通報システム、https://www.fdma.go.jp/mission/prepare/transmission/net119.html（2020年4月27日アクセス）

(8) ＮＴＴ ｄｏｃｏｍｏみえる電話、https://www.nttdocomo.co.jp/service/mieru_denwa/（２０２０年4月27日アクセス）
(9) 日本財団電話リレーサービス、https://trs-nippon.jp（２０２０年4月27日アクセス）
(10) 吉本浩二（２０１６）淋しいのはアンタだけじゃない（1）、小学館
(11) 吉本浩二（２０１７）淋しいのはアンタだけじゃない（2）、小学館
(12) 吉本浩二（２０１７）淋しいのはアンタだけじゃない（3）、小学館
(13) 山口利勝（２００３）中途失聴者と難聴者の世界―見かけは健常者、気づかれない障害者、一橋出版
(14) 江時久（２００３）難聴とはなにか、藤田保・西原泰子（編）あなたの声が聴きたい―難聴・中途失聴・要約筆記、文理閣、8-28
(15) Goffman, E. 石黒毅訳（２００１）、スティグマの社会学―烙印を押されたアイデンティティ、せりか書房
(16) 中野善達・吉野公喜（１９９９）、聴覚障害の心理、田研出版
(17) 金山千代子・今井英雄（１９９３）きこえの世界へ―聴覚に障害をもつ子どもの早期教育、ぶどう社
(18) 庭野賀津子（２００５）親乳児間における音声相互作用の発達的研究、風間書房
(19) 庭野賀津子（２０１６）聴覚障害児の性格特性と心理アセスメント、東北福祉大学教職課程支援室、教職研究、59-66
(20) 滝沢広忠（１９９９）聴覚障害者の心理臨床―今後の課題　村瀬嘉代子（編）聴覚障害者の心理臨床、日本評論社、１４７-１７０
(21) 河崎佳子（２００７）聴覚障害児のこころとそだち、そだちの科学、9、日本評論社、１０３-１０７
(22) 藤田保（２００８）中途失聴者の心理、村瀬嘉代子・河崎佳子（編著）聴覚障害者の心理臨床（2）、日本評論社、１６１-１７９
(23) 小此木啓吾（１９７９）対象喪失、中央公論社
(24) 津名道代（２００５）難聴―知られざる人間風景〈上〉その生理と心理、文理閣
(25) 深間内文彦・西岡知之・松田哲也・松島英介・生田目美紀（２００７）聴覚障害における視覚情報処理特性―アイマーク・レコーダーによる眼球運動の解析―筑波技術大学テクノレポート、14、１７７-１８１
(26) 梶山妙子・河崎佳子（２００８）軽・中度難聴者の心理、村瀬嘉代子・河崎佳子（編著）聴覚障害者の心理臨床（2）、日本評論社、１４１-１５９
(27) 黒川美富子（２０００）遠い声近い声、文理閣

(28) 田垣正晋（２００６）障害・病いと「ふつう」のはざまで―軽度障害者　どっちつかずのジレンマを語る―、明石書店
(29) 一般社団法人日本耳鼻咽喉科学会（２０１９）人工内耳について　www.jibika.or.jp/citizens/hochouki/naiji.html（２０２０年1月31日アクセス）
(30) 日本経済新聞（２０１８）４億７千万人が聴覚障害―ＷＨＯ、世界で増加と警告、日本経済新聞電子版、https://www.nikkei.com/article/DGXMZO27667570T00C18A3CR0000/（２０２０年1月31日アクセス）
(31) 松崎丈（２０１８）聴覚障害学生支援における合理的配慮をめぐる実践的課題、宮城教育大学紀要、53、２５５-２６６

難聴者の自分史

滝沢 広忠

難聴にかんする本を読みながら思うことは、さまざまな難聴者の断片的な体験を集約しているものが多く、聴者にはなかなか実体が見えてこないのではないか、ということです。軽度難聴者、中途失聴者、ろう者という分類にしてもあいまいなところがあり、どのような成長のプロセスをたどっていくのかということになると、一人ひとり違いがあり、理解しにくくなっているように思われます。そこで一人の難聴者がどのような人生を歩んだのか、私個人の体験を踏まえながら、なるべく客観的に述べてみたいと思います。

聴力の程度は変化する

聞こえにくくなる、あるいは聞こえなくなる原因はさまざまですが、難聴は軽度から重度へというプロセスをたどっていくように思われます。もちろん聴力の程度が固定している場合もあると思いますが、徐々に低下するという進行形態をとることが多いのではないでしょうか。

私は三歳の頃中耳炎に罹り、それ以来たびたび中耳炎の手術を受けてきました。小学生時代はかなりの期間、耳鼻科に通っていました。そのため体育の授業はほとんど見学でした。中学生のとき一度中耳炎の手術をしてから容体は安定し、高校時代は運動部で活躍するまでになります。しかし、本格的に仕事を始めようとしていた矢先の30代で、また中耳炎を起こし、しばらく通院治療を継続しています。40代のとき突発性難聴になり、ほとんど聞こえなくなるという経験もしています。さいわいそのときは早期に治療を開始したため、悪いなりにどうにか元の状態に戻ることができました。

このようにたびたび中耳炎を繰り返していたことが原

因で、その後真珠腫性中耳炎に罹り、右耳は耳小骨を軟骨でつなぐという鼓室形成手術を受けています。そのため聴力はかなり低下してしまいました（最初は伝音難聴でしたが、術後は感音難聴も加わりました。さいわい左耳は伝音難聴のままでしたので補聴器は使えました）。

60代に入る頃は、加齢のためか長期間補聴器を装用していたためか、聴力はさらに低下してきました。振り返ってみると、学童期は30デシベルぐらいであった聴力も、現在は平均すると70デシベルぐらいになっています（高音はスケールアウトでほとんど聞こえません）。このような聴力の変遷はその都度心理的な面にも影響を及ぼしていたように思います。

成長過程で難聴の捉え方も変化していく

これは発達心理学的な問題といってもよいと思いますが、私の人生は聞こえづらい状態でいかに生きていくかという、アイデンティティ獲得の歴史だったように思います。年齢を重ねるにつれ、人生観にまで影響を与えるようになりました。

幼児期、学童期は軽度難聴でしたので、聞き間違えて笑われるようなことはあっても、日常生活で特に困ることはありませんでした。学校の聴力検査で問題が指摘され、親が呼ばれたこともありましたが、本人はほとんど難聴を自覚せず（自分はこれが普通だと思っていました）、悩むこともなく友だちと自由に遊んでいました。

高校生になってから、他人が聞えているのに自分には聞こえていない音があるということに気づき始めたのです。最初、先生はなぜあんなに小さな声で話すのだろうかと不審に思っていた程度でしたが、やがて私に話しかけてきたのに聞こえなかったという恥ずかしい体験をするようになります。はっきり自覚したのは高校一年のクラブ（ソフトテニス部）の合宿のときでした。夜暗い部室で先輩にお説教されていたのですが、私個人に話しかけられたにもかかわらず聞こえないため黙っていて注意されました。また試験の最中に出席をとる先生がいたのですが、私の名前が呼ばれたとき聞こえなくて返事をしませんでした。そんな体験をとおして、自分の耳はよく聞こえないのだ、ということをはっきり自覚するようになりました。そのような体験があってから聞こえないことが恥ずかしくて悩むようになったのです。

羞恥心は対人関係の持ち方にも影響し、特に女性との会話には抵抗を感じるようになりました。大学に進学して心理学を専攻するようになった背景には、そのようなコンプレックスがあったからといってよいでしょう。しかし当時はやはり若かったのでしょう、他人の前では気取って格好ばかりつけてごまかしていたように思います。そして一人で悩んでいました。語学学校に通っていたとき、授業でよく聞こえないために答えられないことがあったのですが、外国人の先生から理解していないと判断されて辛い思いをしたこともあります。私はもう何もできないと思い込み、自殺を考えたことさえありました。しかしそんな心の悩みを誰かに相談するという発想はまったく持ちませんでした。今考えると、大学に学生相談室もあったはずなのになぜカウンセリングを受けなかったのだろうと思います。

私の場合、大学を卒業してから生活環境を変えることでどうにかそれを乗り越えようとしました。東京で生まれ育ったのですが、誰も知っている人のいない北海道に行くことにしたのです。たまたま教授が北海道にある知的障がい児施設の施設長を知っていて私に声をかけてくれました。自然環境のよいところでしたので決意して勤めることにしました。そこで自分の耳が悪いことを素直に話して生きる覚悟でした。

しかし、やはり私の気持ちを理解してくれる人はいませんでした。当直の翌朝行われた会議でショッキングな体験をしています。当直者であった私が司会を担当していたのですが、もう意見がないと思って「これで終わります」と宣言しても、職員は会議を続けているのです。誰も私に注意してくれませんでした。恥ずかしい思いをしていたのですが、やがてその会議は終わりました。結局私の辛い気持ちを察してくれた人はいませんでした。もちろん気にしていた職員はいたのかもしれませんが、誰も私に声をかけてくれなかったのです。

私はその後縁があって医大の心理学教室の研究生となり、改めて心理検査を中心とした臨床心理学の勉強をすることになります。しばらくして大学の保健管理センターや精神科病院に非常勤として勤めるようになり、主として心理検査をおこなっていました。専門的な仕事に就くことで、耳が悪いことをごまかすことのできない状況に追い込まれました。心理学教室の教授は心配して耳鼻科の教授を紹介してくれました。そこできちんと診察してもらい、神経がやられているので手術は出来ないと言われ、補聴器をつけての人生が始まりました。私は学生時代から髪を伸ばしていたため、補聴器をつけていてもほとんどの人は気づきません。そのため他人にあまり自分の耳が悪いことは話しませんでした。しかし補聴器をつけても時々聞こえにくいことがあるのは事実で、一人で悶々と悩んでいました。

研究生を続けながら保健所の精神保健課に勤務するようになり、おもに三歳児検診で子どもの精神発達面をチェックする仕事をしていました。その後大学に呼ばれて心理学を教えるようになります。そして40代半ばに転機が訪れました。たまたま図書館の閲覧室で雑誌を読んでいて、聴覚障がい者の精神保健にかんする研究が目に止まったのです。迂闊にもそのような研究分野があることを知りませんでした。やがてその人たちがかかわっている研究会などに参加するようになり、日本心理臨床学会で「聴覚障害者の心理臨床を考える」というシンポジウムを開催したり、共同研究を始めるようになります。ここで初めて共感してもらえる仲間と出会うことができて嬉しく思いました。そして自分の気持ちを率直に語るようになり、心が解放されるという経験もしています。

60代になると、大学の同僚でも加齢による難聴で補聴器をつける人が現れるようになります。そんなことから自分の難聴を隠すこともないという気持ちも生まれてきました。それまでもごく親しい同僚には話してきましたが、補聴器をつけていれば日常生活に支障を来たすこともありませんでしたので、あえて他人に話すことはしませんでした。正直にいって現在でもまだ恥ずかしい気持ちはあります。誤解されるのは嫌ですから聞こえないときは、「耳がよく聞こえません」と言うようにしています。しかし自分から「聴覚障がい者である」とか「難聴」という言葉はほとんど使いません。その辺が難聴者としてのアイデンティティのあいまいさなのかもしれません。一層のこと、重度になれば隠しようがなく、きちんと伝えて生きていかざるを得なかったと思います。しかしそのときは大学の教員を諦めて別の人生を歩んでいたのではないかと思います。

いずれにしろ古希を迎えるようになり、よく聞こえないことがあっても、補聴器をつけていることが人に知られても、あまり気にしなくなってきました。退職後は趣味の世界に生きがいを見出すようになり、充実した日々を送っています。

新しい補聴器の開発によって意識も変化していく

聴覚障がい者に対する社会の認識も随分変化してきました。自分の人生を振り返っても時代的背景を無視できないように思います。特に新しい補聴器が開発されたことで恩恵を受けている人は多いのではないでしょうか。

個人的な体験を振り返ってみると、補聴器とは切っても切れない関係にあります。初めは箱型の補聴器を使用していました。今でこそ街を歩きながらイヤフォンをつけていても奇異に思う人はいませんが、当時（1970年代）は聴覚障がい者であるとレッテルを貼られるようで恥ずかしく、人前ではなかなかつけられませんでした。そのうち耳かけ式の補聴器が開発され、さらに耳穴式（最初は外耳の型をとったイヤモールド、続いてカスタム型）が登場し、補聴器に対する抵抗は少なくなってきました。しかし聴力の低下とともにアナログ補聴器の増幅には限界を感じるようになってきます。ちょうどその頃デジタル補聴器が開発され、救われる思いがしました。

私の場合、左耳は伝音難聴であったため補聴器の恩恵を受けましたが、感音難聴と合併している右耳は音を増幅する効果はありますが、明瞭度は不十分なままです。いずれにしろ、補聴器をつけていても、音は聞こえているが何を言っているのかよくわからない、という体験はたびたびしています。またデジタル補聴器は音楽を聴く場合違和感を覚えることもあり、完全に満足できるものではありません（私は聴力を保持する目的もあってチェロを習っていましたが、そのときはアナログの補聴器を使用していました）。

最近の心境

62歳で定年退職（早期退職）し、その後頼まれて聾学校のスクールカウンセラーを担当してきましたが、現在は年金生活をしています。大学には32年半勤め、一応仕事を全うすることができましたのでホッとしています。しかし自分の耳がよく聞こえないために悩んできたこと、あるいは補聴器をつけながら苦労して生きてきたことについて、周囲に理解してくれる人があまりいなかったことも事実で、一抹の寂しさを感じることがあります。

私は大学を卒業して東京を離れたため、兄弟ですら私が難聴で悩んでいたことや補聴器をつけていることを未だに知りません。もちろん小さい頃から病院通いをしていましたので、耳がよくなかったことは知っていますが、その後、ここで述べたような人生を歩んできたとは夢にも思っていないでしょう。北海道に住むようになってからも学会出張などでたびたび東京に行く機会はありましたし、冠婚葬祭には出席していましたので、兄弟との関係が切れているわけではありません。ただ個人的なことで今更同情して欲しいとは思いませんし、余計な心配をかけたくないと思っています。別に隠すつもりはありませんが、たぶん私の兄弟はこのまま私の悩みを知らずに生涯を終えるのではないかと思っています。

以上、難聴をかかえた個人の人生経験を語ることになりましたが、成長のプロセスでさまざまな体験をしてきたことがわかると思います。私の場合は恵まれていましたので他の難聴者と比較はできないかもしれません。しかし、聴覚障がい者を理解するためには、現在置かれている状況だけではなく、成長過程をみていかなければならないということがわかっていただけたのではないかと思います。

第6章　聴覚障害児における心理臨床的問題

小渕　千絵

聴覚障害を抱える子どもの心理臨床的問題は、保護者やきょうだいといった家族の問題と本人自身の問題とに大きく分けられます。

保護者においては、生後数日で行われる新生児聴覚スクリーニングや精密聴力検査、難聴の確定診断、その後の養育過程など、子どもの年齢や発達状況に応じてさまざまな心理的負荷を抱えやすいといえます。そして、聴覚障害を抱える子どものきょうだいについても、親が障害を抱える子どもに時間を要するために、孤立感や不安が増すといった心理的な課題が生じるケースがみられます。

一方で、本人自身の問題については、自身の障害を意識してから受容しアイデンティティを確立していく過程の中で、自分自身とのさまざまな葛藤、友人関係のトラブルや関係性の構築など、学童期後期から思春期にかけての時期は、心理的課題が大きいといえます。

本章では、聴覚障害を抱える子どもを取り巻くこれらの心理臨床的問題について、聴覚障害児の年齢ごとに取り上げ、保護者やきょうだいの問題など、その現状と課題について考えてみたいと思います。

新生児聴覚スクリーニングと保護者の心情

近年、聴覚障害の早期発見と早期療育開始を可能にすべく、欧米にならって新生児聴覚スクリーニングが日本でも行われるようになりました。この検査は、母親が子どもを出産し、入院中の生後3日頃に行われます。ここでは難聴が診断されるというわけではなく、まずは難聴の有無についてのスクリーニングであり、ここで要再検査（refer）となると精密聴力検査のために医療機関を受診することになり、検査で問題がなければ合格（pass）となります。

子どもを出産して数日の産褥期は、出産という大仕事の後、心身共に疲労も大きい一方で、10か月にわたる妊娠期を経て出会えた我が子との対面に、痛みや疲れも忘れてしまうほどの嬉しさと喜びで包まれる時期といえるでしょう。そして初めての出産の場合には、慣れない授乳やおむつ交換、抱っこを繰り返しながら、母親としての母性をはぐくんでいくことになります。そのようなまだ体力的にも厳しく、精神的にも不安定である時期に新生児聴覚スクリーニングが行われます。「あなたのお子さんは聞こえない、聞こえにくいかもしれません」「さらなる検査が必要ですから、大きな病院の耳鼻科を受診してください」。

何かの間違いではないか？　自分の子どもに限ってそんなことはあるわけないのではないか？　ほとんどの健聴の母親は、絶望感と先の見えない不安で一杯になってしまいます。表1には、聴覚障害児を抱える保護者の方に、新生児聴覚スクリーニング後、及び精密聴力検査後の難聴が確定診断された際に、どのような不安があったのかを自由記述で記載していただいた結果をまとめたものです。

新生児聴覚スクリーニング後は、「間違いであってほしい」「信じがたい」といった否定的感情が強く、また「ショックだった」「絶望した」「頭の中が真っ白になった」「涙が止まらなかった」などの心理的反応が同程度に強くみられるのがわかります。一方で、「早くにわかってよかった」といったような受容的な態度は非常に少なく、まだ「将来の育児への不安」については、まだ確定診断段階ではないため少ない状況でした。

表2は、ある聴覚障害児の母親が、診断期にどのように感じたのかを具体的に状況を描写して下さったものです。出産直後の伝達については、体力的にも精神的にも打撃が大きく、伝達の時期や方法による問題がみられることがわかります。施設や担当者によっても異なりますが、保護者の心情を理解した対応が求められているといえます。

表1　新生児聴覚スクリーニング時、精密聴力検査後の難聴診断時の保護者の反応

（難聴児を抱える保護者40名へのアンケート結果より、筆者調査）

精密聴力検査後の難聴診断時に感じたこと	新スク後	難聴診断後
否定的感情 (結果を受け入れ難い、信じ難い、間違いであってほしい、どうして自分の子なのか)	16	4
心理的反応 (ショック、絶望感、頭が真っ白になった、ことばにならない、涙が止まらない、自分を責めた、滅入った、自分の声も届かないと感じて悲しくなった)	15	14
将来への不安 (先の育児への不安、聴こえない子をどうやって育てていけばいいのか)	6	14
受容的感情 (早くにわかってよかった、後ろ向きに捉えても仕方がないので前向きになろう、全く聴こえないのか、少しは聴こえているのか複雑な思い、できることがあるか、情報収集に励んだ、コミュニケーション手段をどうすべきか考えた)	3	8

新生児聴覚スクリーニングでは、偽陽性（実際は問題がないのに〝問題がある〟という結果が出てしまう割合）がみられることがあります。一般に約40％であることが知られています[(1)]が、実際には検査装置の耳栓の挿入状態によっても偽陽性は多くみられ、精密聴力検査を受けたら難聴がなかった、というケースがあります。このため、新生児聴覚スクリーニング段階ではあくまでスクリーニングであり、実際の難聴診断に至っているわけではないということを理解しておくことも必要といえます。

新生児聴覚スクリーニングの後はどうでしょうか。精密聴力検査では、脳波による検査であり、実際に難聴があるのかないのか、を見極めることになります。脳波を使った検査（聴性脳幹反応〈ＡＢＲ〉あるいは、聴性定常反応〈ＡＳＳＲ〉）、聴性行動、聴覚心理学的な検査、問診結果などのさまざまな情報を統合して診断が行われます。聴力の程度や検査が行われる時期にもよりますが、生後３～６か月頃までには難聴診断に至る方がほとんどです。この時の保護者の方の質問紙結果では（表１）、新生児聴覚スクリーニング後と同様に、「ショックだった」といった心理的な反応が多くみられます。さらに難聴が確定することとなり、「聞こえない子をどのように育

表２　新生児聴覚スクリーニングの結果を受けたある保護者の報告

私は産後４日目、検査室に迎えに行くと看護婦さんが子どもを抱っこしていました。「聞こえませんでしたよ」と言いながら私の腕にポイっと乗せました。凍りつき何も聞き返せませんでした。その日から子どもに話しかけられなくなりました。おめでとうと言われても全く嬉しくない。眠れない。涙が止まらない。

退院の際は先生からいい人工内耳があるよと言われましたが、全く聞こえない子をどうやって育てていけばいいのか押し潰される思いで退院しました。

お七夜の日には既に私も旦那も目の下にはクマ、頬はこけていました。今まで赤ちゃんを抱っこした事もオッパイもオムツも全て初めてだった私たちにはこの１か月の間真っ暗なトンネルの中でした……うつだったかもしれません。赤ちゃんのお世話に専念したかった。下の子の時は、私は病院で過呼吸になりました……

ていったらいいのかわからない」という将来の育児への不安が強く増すことになります。その一方で、診断までに時間を要することで、最終的な診断を受けた時点では既に「どのようにことばかけをしたら良いか」といった具体的な対応に切り替えていかれる方もみられます。

新生児聴覚スクリーニング時、難聴診断時、いずれにおいてもあまりのショックの大きさに、母乳が出なくなってしまう方、お子さんを抱っこする気力すら失われてしまう方、不安で何も手につかなくなってしまう方、などさまざまな方に出会います。診断自体にショックを受けるだけでなく、診断を伝える医師や看護師などのメディカルスタッフからのことばや態度にさらに傷つけられてしまう保護者の方も少なくありません。ショック期にある保護者の心理的な不安定さを考え、メディカルスタッフは丁寧な表現、態度、対応を心掛けなければならず、今後も医療分野での教育は、医療を受ける人がどのように感じるのか、相手の立場に立って考える力が求められているといえます。

ところで、上記に示したような新生児聴覚スクリーニング後及び確定診断後のショックなどについては、健聴の保護者によるものであることも留意しておく必要があります。ある聾者の母親からは、「私も聴覚障害者なので特に驚きもしなかった。胎内にいる時に話しかけてもあまり反応がなかったので、もしかして聞こえていないのかもという直感があった」「精密検査でより確実な診断ができ、安心した」と話して下さいました。このような受け止め方もあることを理解しておくことも大切といえます。

難聴乳幼児を抱える保護者の障害受容と育児ストレス

障害を抱える保護者の場合、障害受容はどのような過程を経ていくのでしょうか。長瀬・池谷[2]は、障害を抱える子どもを持つ保護者の心理的段階（ショックの段階→否認の段階→悲しみと怒りの段階→適応の段階→再起の段階）を紹介し、立ち直りの期間が長いほど子どもとの適切な関わりができにくく、子どもの発達への影響が大きいため早期支援が重要であると報告しています。障害を抱える子どもを持つ保護者の方の多くがこのような経過を辿るとされますが、診断期から徐々に再起に向けて気持ちの安定が得られた方でも、何かのきっかけですぐに悲しみと怒りの段階に戻ってしまう方もいらっしゃいます。また、難聴は治らない、ということが頭ではわかっていても、針治療に通う、宗教に入信する、という方もいらっしゃいます。それだけ抱える気持ちの負担は大きく、障害を受容できたとしても、その後も不安定で傷つきやすい心

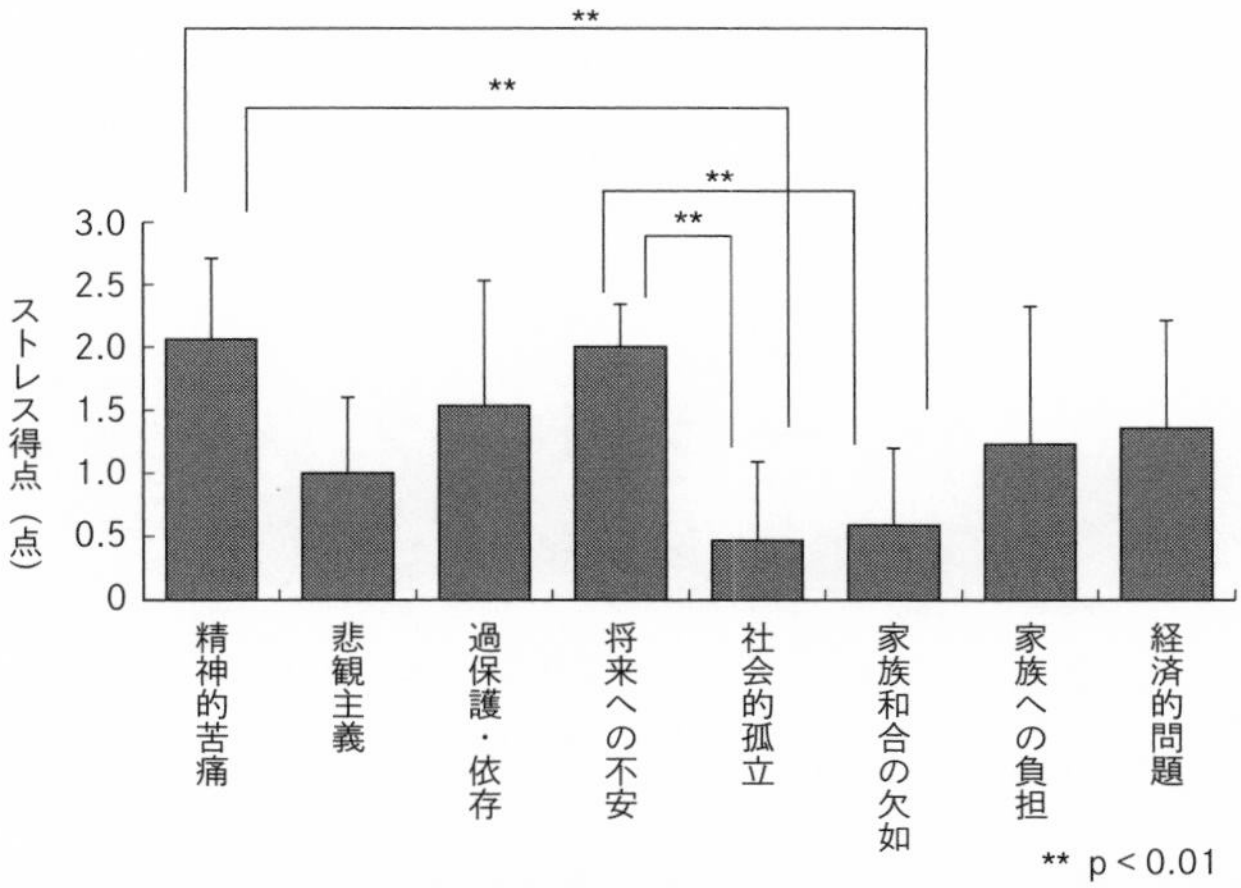

図1　聴覚障害児の母親の育児ストレスの項目別得点の比較

（大島・小渕、2018より作成）

理状態にあることを理解する必要があります。

図1には、育児の中心になりやすい難聴乳幼児を育てる母親が抱える育児ストレスについて、養育ストレス尺度（Questionnaire on Resources and Stress, QRS）を簡易にした質問紙を用いて検討した結果を示します[3]。育児不安の内容としては、精神的苦悩（子どものことで、悩んだり、疲れたりしてしまうことがある）、将来への不安（子どもの将来について不安である）が顕著に高く、難聴乳幼児を育てる母親は、現在の状況や将来のことへの不安を抱えていることが明らかでした。一方で、社会的孤立（いろいろと話をしたり、心の支えになってくれたりする人がいる）、家族和合の欠如（家族とは、何でも話すことができる）の項目については顕著に低く、聴覚特別支援学校における早期教育相談室や医療機関等の利用により、同じ難聴乳幼児を育てる母親同士が出会うによって、社会的な孤立感を感じることなく、支え合いが構築されてくることが考えられています[3]。

聴覚障害児を育てる保護者の育児に伴う悩み

ところで、乳児期、幼児期、学童期と子どもの成長に伴い、聴覚障害児を抱える保護者の悩みは具体的にどのように変化しているのでしょうか。表3～5には、発達段階ごとに生じうる悩みについてまとめました。乳児期には、補聴器の装用に関する悩みが最も多く上がっていました。難聴の確定診断に至ると、乳児期の段階から補聴器装用による聴覚活用が行われますが、月齢が小さい乳児ほど補聴器装用の難しさがあり、この点で悩みを抱えることがわかります。その一方でまだ乳児期であり、お世話自体は聴覚障害児でも健聴児でも変わらないため、「大変さは感じない」という意見も多くみられました。

一方、幼児期ではどうでしょうか。幼児期においては、補聴器の装用も安定し、子どもによっては人工内耳の手術を行い、聴覚活用が進んでいきます。このため、乳児期に多くみられた補聴機器に関する悩みは少なくなり、反対に言語発達に関する心配や、それに伴う療育上の悩みを抱える方が多くなる傾向がみられています。「1歳を過ぎたのにことばが出てこない」「こちらの話が伝わらない」「ことばの遅れがあるために、思ったことを伝えられず、何を話したいのか汲み取りにくい」など、言語発達の遅れがある場合には就学に近づくほどに明確となり、焦りにつながります。

このような幼児期の言語発達の問題は、就学先の決定にも影響します。就学先は、子どもの言語発達段階、周りの環境、保護者の希望など、さまざまな要因によって決定され、就学の一年位前から、地元の教育委

表3　乳児期の聴覚障害児を育てる上での困り感
（難聴児を抱える保護者40名へのアンケート結果より、筆者調査）

乳児期の難聴児を育てる上での困り感	人数
補聴器の常用の難しさ （ハウリングが止まらない、装用できない、外してしまう、補聴器を口に入れてしまう、電池を飲み込んでしまった、など）	10
特に変わらない、大変さは感じない	8
ことばの理解や補聴に関する不安 （音やことばの理解を促す方法がわからない、人工内耳手術に関する病院の選択、手話を使い始めたが子どもが見てくれない、療育が大変、など）	7
ショックや不安の継続 （寝ている間に泣いてしまうことが多い、漠然とした不安、子どもが求めているものがわからなくて不安、ことばかけをしても聞こえていないので悲しい、泣いている時に声掛けしても泣き止まない、など）	4
現実的な壁に対するショック （外出時に他人の視線を感じる、補聴器をしていると「赤ちゃんなのにかわいそう」と同情の目を向けられる、など）	2

表4　幼児期の聴覚障害児を育てる上での困り感
（難聴児を抱える保護者40名へのアンケート結果より、筆者調査）

幼児期の難聴児を育てる上での困り感	人数
言語発達や療育上の問題 （気持ちを伝えられない、意図が伝わらない、ことばの獲得が遅い、療育先が遠く、送迎が大変、難聴児療育に時間を要し、他の兄弟が心配）	17
補聴機器の選択や装用、取り扱いに関する問題 （補聴器のままにするか、人工内耳の手術を受けるか、運動制限、雨やお風呂での対応、幼稚園での取り扱いなど）	5
療育先、就学先の選択における悩み （聾学校にするか、通常の幼稚園・保育園にするか、就学も同様）	5
友人関係における問題 （補聴機器装用によるトラブル、友だちから言われたことがわからない）	4
担当する教員や保育士の対応の問題 （話し方、態度、対応など）	3
コミュニケーションモード使用の問題 （視覚・聴覚両方のコミュニケーション方法を活用することの難しさ）	2
保護者自身の時間の制限 （仕事ができず、社会から取り残されたように感じる、子どもに寄り添う時間が多くて自分の時間がない、など）	2
大変なことはない	2

表5　学童期の聴覚障害児を育てる上での困り感
（難聴児を抱える保護者40名へのアンケート結果より、筆者調査）

学童期の難聴児を育てる上での困り感	人数
集団生活での聞き取りの問題 （騒がしいところでは先生の声が聴こえづらい、周りを見て指示内容を予測している、登下校中の会話をあきらめている、体育館や屋外では聞こえづらい、音楽の授業がわからない）	4
友人関係の問題 （友人との会話での問題、聞き誤りによるトラブル）	4
特に困っていない、または気づいていない	3
言語発達や学習における問題 （話を十分に理解していない、他者に情報を伝えにくい）	2
難聴の理解に関する問題 （成績が良いと聞こえにくいことを理解されない、周りが難聴の事を理解してくれない、配慮してもらえない）	2
通学に関わる問題 （自宅から学校までの通学時間が長く、疲れる）	2

員会とのやり取りを行い、学校の選択を行うことになります。このような節目にあたる時期は、保護者にとっても心理的な負荷がかかりやすい時期といえます。「我が子にとって、選択した就学先の学校は適切であるのか？」「我が子に適切な教育が提供されるのか」など、さまざまな情報から、子どもに適切と思われる学校を選択したものの、就学して実際に教育を受けるまでは大きな不安で一杯になる様子が多くみられます。

表5には、学童期の聴覚障害児を抱える保護者が抱える困り感についてのアンケート結果を示しました。学童期になると、集団生活における聴き取り、友人関係、周りの子どもの難聴理解の問題などについての不安がみられることがわかります。乳幼児期の幼稚園や保育園とは異なり、集団生活の中で授業を受ける上で必要な補聴、情報補償などの具体的な支援策を検討することは重要であり、また友人との関係性を築いていくことができるよう、周りの児童に対する難聴理解教育も必要となってきます。聴覚障害児本人だけが努力するのではなく、周りの適切な支援と環境の整備を行うことで、子どもたちが最大限の成長を遂げるようになるといえます。双方での十分な話し合いを行いながら、良い学習環境を作っていくことが求められています。

聴覚障害児の兄弟・姉妹における心理的な課題

聴覚検査や補聴機器の適合などに伴う通院、定期的な療育など、聴覚障害児を抱える保護者では、健聴児を育てる保護者に比べて多くの時間が必要となります。また言語・コミュニケーションの発達においては家庭学習の時間は重要であり、家事をこなしながらも、子どもとの丁寧な関わりが求められることになります。そのような中で、聴覚障害児の発達に一生懸命になるあまり、健聴の兄弟・姉妹に対しての支援が忘れがちになってしまう場合があります。三原[4]は、親が障害を抱える子に時間を要し、きょうだいと関わる時間を持てないために、きょうだいに孤立感や不安が生じやすい傾向があること、この傾向は、他のきょうだいがいるかどうかなどの家族の規模も関係していることなどを報告しています。このようなきょうだいに対しても、発達段階に応じ心理特性に着目した支援が必要になります[5][6]。知的障害や発達障害児のきょうだいについての研究が多くみられるようになりましたが、聴覚障害児についても同様のことがいえると考えます。

ある親御さんは、健聴のきょうだいの心理的状況についてよく理解されており、「健聴のきょうだいと二人だけの秘密の時間を時折持つようにしていた」とおっしゃられていました。子どもは親にとって大切で尊い存在である、と感じることで自己肯定感を高め、周りの人も大切にできる存在となりうると考えられます。このため、ふだんからの時間の共有や、障害があってもなくても平等に愛情を注ぎ、大切な存在であることをことばや行動で伝えていくなど、日常生活でのちょっとした配慮が聴覚障害児のきょうだいの感じる感情に影響するものといえます。

聴覚障害児の障害理解

最近の医療や補聴技術の進歩、そして早期発見と早期療育により通常学級で学ぶ聴覚障害児が多くみられるようになりました。いわゆるインクルーシブ教育が進む中、通常学級で学ぶ聴覚障害児にとっては、障害に伴う心理的な課題に直面することも多いといえます。「何故自分は聞こえにくいの？」「何故補聴器や人工内耳を使わなければならないの？」「小学校に入ったら、お耳を使わなくていいの？」。早いお子さんでは、幼児期後期からこのような自身の聞こえや補聴機器について保護者に尋ねる様子がみられます。深澤・中川[7]の調査では、難聴学齢児の11名中7名（64%）で、低学年頃に保護者に質問した経験を有すると報告されています。つまり、幼児期〜小学校低学年の時期には、幼稚園や小学校などの集団生活が開始され、健聴児との交流を行う中で、自身の補聴機器について指摘される、聞こえにくいことで生じる二次的な影響を感じることによって自己の耳への意識が増してくるものといえます。一方で、学童期にはまだ自己意識が弱く、思春期段階になってから考え始める例もみられ、子どもによってその時期は異なってきます。

ところで、聴覚障害児の障害認識については、何故聞こえにくいのかという自分の耳への意識から、実際の聞こえを知り聴覚的理解の自己評価を行い、それに対してどのように補助手段を活用するかを考える中で発達する[7]とされています。また、難聴の障害認識において、自分自身を無意識のうちの重要なもの、大事に扱われるべきものとする内的な感覚である自尊感情が大きく影響し、その過程の中で肯定的な自己像を形成するとしています。深澤・中川[7]は、聴覚障害児の自己意識を行う過程での影響因子（聴覚的理解の自己評価、自分の耳に対する意識、補助手段の活用、他者関係による意識、将来の夢・目標）を含めて関係図を示し、それぞれの項目が相互作用を持ち、その時の心理状態や状況によって項目の大きさが変化して均衡を保ったり不均衡になったりすると示しています。ここで指摘されている他者関係による意識については聴覚障害児を取り巻く環境因子についてですが、周りの人の難聴に関する意識や理解の程度の影響については、支援の方法によって変化しうるものといえます。また、このような環境因子の状態によって、その他の自己意識も変化しうると考えられます。そこで、次に難聴理解教育についても考えてみたいと思います。

聴覚障害児本人に対しては、自身の聞こえを意識して理解を促し、そして聴覚障害児の在籍する普通学級に在籍する児童には、難聴の疑似体験やモデル音声を提示するなど、理解を深める取り組みが多数行われています。[8] このような教育を行うことにより、聴覚障害児及び健聴児双方の意識を高め、相互関係性を良好に保つことにつながるといえます。また、保護者自身の感情や捉え方も聴覚障害児自身の障害理解に影響することが考えられます。先に示したように、保護者の障害理解の程度や、難聴に対しての保護者のイメージは、子どもからの問いへの応答や行動として反映することになります。例えば、子どもの装用する補聴機器を長髪にして隠そうとするのか、あるいは短髪にしてあえて目立つようにさせているのか、子どもから聞こえや補聴機器について問われた場合にどのように説明しているのか、その対応は個々に異なります。対応においてみられる保護者の心理的な状況や感情は日々の生活の中でも徐々に子ども自身が形成する自己像に影響するといえます。自分自身をあるがままに受け止めて、肯定的な自己像を形成することができるよう、保護者や生徒、教師など、聴覚障害児と関わる人びとは正しい理解を深め、心理的な支援もあわせておこなっていく必要があるといえます。

聴覚障害児の友人関係の構築

子どもは集団生活を始めるようになると、他の子どもとの関わりの中で人格を形成し、また自立に向けた歩みを進めていく時期[9]になります。特に学童期はその基礎を形成する上で重要な時期であり、友人関係は、一時的で壊れやすい関係から持続的関係へ、自分の満足のために友人を必要とする自己中心性から相互の欲求を満足させる互恵性に、一緒に遊ぶという行動的、表面的な関係から支え合う、相互に尊敬するという共感的、人格的、内面的な関係へと変化するとされています[10]。小学生の友人関係について検討された研究[11]では、小学校5、6年生の高学年児童の半数以上は、学校でのストレスを抱えており、その内容は友人とのトラブルや学習内容の理解困難であったとしています。このようなトラブルを抱えることで、常に友人関係に敏感で過剰に気を配る児童もみられることになり、多感な時期の小児への心理的な支援は重要な課題であることがわかります。

では聴覚障害児の場合にはどうでしょうか? 先行研究[7]での説明においても友人関係は障害を理解する上で重要な項目の一つでした。特に普通学級に在籍しインクルーシブ教育を受ける聴覚障害児においては友人関係の問題も生じやすいといえるかもしれません。

そこで、普通学級に在籍する聴覚障害学齢児に、健聴学齢児を対象に行われた國枝・古橋[9]の質問項目を実施しました。内容は、友人の有無や人数、大事な友人の数、友だちがいなかったら困るか、休み時間の過ごし方、友だち関係での葛藤場面の選択、親と友だちとの関係、などです。対象は、軽中

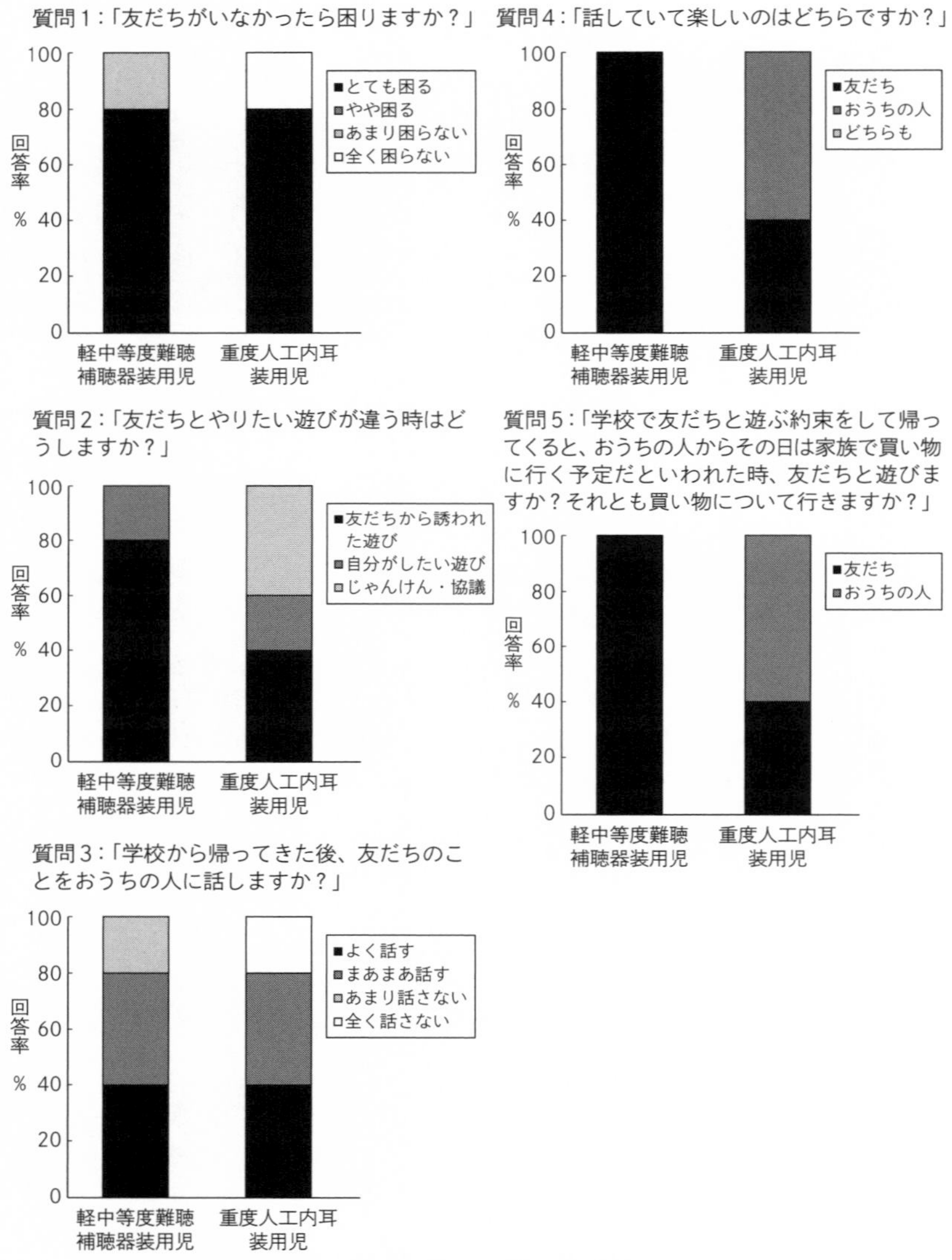

図2　聴覚障害児の友人関係に関する調査結果

（軽中等度難聴で補聴器装用学齢児5名、重度人工内耳装用学齢児5名の結果）

等度難聴で補聴器を装用している学齢児5名、重度難聴で人工内耳を装用している学齢児5名であり、いずれも普通学級に在籍し、インクルーシブ教育を受けていました。この結果、友人の有無や人数、グループ形成などは健聴児と同様に形成が可能でした。友人がいなかったら困るか（質問1）に対しては「困る」という回答が多く、その理由として「遊ぶ相手がいなくて寂しい」という意見がみられ、また人工内耳装用児では、遊ぶ友だち以外に「聞こえない時に助けてもらえない」という聞き取りに関わる問題をあげていました。友だちとやりたい遊びが違っていた場合（質問2）には、友人の遊びを優先する傾向が強く、軽中等度聴覚障害児では友人に依存的な傾向もみられました。[12]学校から帰ってきた際に友人の話を親に伝える（質問3）という割合は、補聴器装用児、人工内耳装用児どちらも高く、自ら伝えたいということだけでなく、「親から聞かれるから話す」「楽しかったことを話すと親も喜ぶから」という意見もみられ、学校生活での学業面や友人関係の状況を心配し積極的に傾聴する親の様子もみとめられました。親と友人との葛藤場面（質問5）においては、友人との約束を優先させたい、という意見もあれば、家族の用事も大切であると考える意見もみられました。

これらの結果は、対象児の学年や性別、学級編成などによっても変化がみられるものであり、一概に一般化できる結果とはいえないかもしれませんが、学童期の聴覚障害児においては健聴児と同様に友人関係を構築している様子もみられます。一方で、表面的には構築できているようにみえても、友人同士の深い関係性がみられなかったり、友人関係でのトラブルを抱え、不登校に発展する例もみられます。学童期においては、先に示した障害の自己意識の有無によっても自身の状況理解の程度に差がみられ、友人関係の問題に至るかどうかに影響するものと考えます。しかしながら、学童期後期になると、思春期に向けて心身共に変化の大きな時期となり、友人関係の問題が複雑化しやすいため、子どものわずかなサインを見逃さずに支援することが必要といえます。

聴覚障害児の思春期における心理的課題

思春期は12〜17歳頃の時期であり、おおよそ中学・高校生の時期です。小学校は比較的自宅近くの学校を選択し、地域の人たちも学校の友人も聴覚障害を理解してくれる環境であることが多い印象を受けます。しかしながら、中学校・高校になると、複数の小学校から子どもが集まる学校が多く、聴覚障害についての理解が十分でない場合も見られます。また、中学校までは聴覚特別支援学級が設置されていても、高校からは義務教育ではなくなるために、聴覚障害への支援体制は構築しにくく、自ら支援を依頼する自主性が求められるなど、心理的な負荷は大きくなるといえます。このような中でストレスが加わり、思春期の途中で普通学級から聴覚特別支援学校（聾学校）に転校する例もみられます[13]。その具体的な要因は個々に異なりますが、教科学習の難しさ、さまざまな人との自主的な交流が求められた場合に生じうる心理的な負荷が大きい、ということが関係しているのかもしれません。教科学習でつまずく場合には、補習をしっかりおこなっていくこと、他児との聞き取りやコミュニケーションに問題がある場合には聞き返しなどの訂正方略の獲得を促す、先に紹介したような周りの教師や生徒に難聴理解教育を進めたり、話し合って解決する方法を見つけるなど、状況に合わせた具体的な支援を相互的に考えることが重要といえます。

またこの時期は、青年期に向けた歩みの中で、「自分とは?」を自ら問い考える、自己のアイデンティティ形成の時期になります。聴覚障害児の場合には、「聞こえにくさ」という障害理解とその受容の中で、このアイデンティティの確立は大きな課題となります。特にインクルーシブ教育を受ける生徒にとっては、日常生活や学校生活の中で、聞こえにくいことによるさまざまな問題に直面することが多く、聴覚特別支援学校に通う生徒に比べて大きな課題となり得ます。また、現在の補聴器や人工内耳の技術進歩が進む中で、重度難聴があっても聴覚を活用できる児が増え、静寂下では健聴児者と変わらない会話能力を身につけても、雑音下での聞き取りや音楽、韻律情報などの聞き取りは難しく、現在の補聴機器技術でも聴取における限界がみられます。人工内耳を通して自身では「聞こえている」と思っていたのが、「聞き逃し」「聞き誤り」を自覚して絶望感を感じ、健聴者でも聾者でもない自身の心の置き場に苦しむ例もみられます。このような時期には、同じ障害を抱える友人との出会いや交流が重要となると考えます。さまざまな人の意見や立場を聞きながら自分自身と向き合うことで自身を受け入れていく様子がみられますが、その葛藤の時期や長さについては個人差が大きいといえます。重度難聴で補聴器を使用し、音声言語も手話言語も身につけた20代前半の青年で、このような葛藤に苦しんでいた方が、最後に次のように話されていました。

「自分は健聴者でもなく、聾者でもなく、中途半端で苦しい思いがある。でも、死にたいとか難聴なんてなければよかったとは一度も思ったことはない。それよりも、いろいろな人に出会い、そして楽しい人生を送ることができ、なんて幸せなのだろうと思っている」。

自分とは何か、という苦しい葛藤の中で、どうしてこのように思うことができたのでしょうか?

ご本人からは、自分を理解してくれる家族と友人のおかげであると伺いました。自分自身をあるがままに受け入れることができるかどうかは、それまでの家族や友人、さまざまな人との出会いやコミュニケーションによるものと考えられ、幼少期から丁寧な関わりを積み上げていくことの重要性を改めて感じています。

文献

(1) 熊川孝三・三澤建・松田絵美・真岩智道・鈴木久美子・加藤央・武田英彦（2013）新生児聴覚スクリーニングの偽陽性率を減らすための試行制度の検討 *Audiology Japan* 56、163-170

(2) 長瀬さゆり・池谷尚剛（2005）聴覚障害児をもつ保護者支援の在り方〜全国聾学校調査からみた保護者支援〜、岐阜大学教育学部研究報告、教育実践研究、7、255-273

(3) 大島美絵・小渕千絵（2018）難聴乳幼児を育てる母親の育児ストレスに関する検討 *Audiology Japan* 61、254-261

(4) 三原博光（1998）知的障碍者の兄弟姉妹の生活体験について、発達障害研究、20、72-79

(5) 戸田竜也（2012）障害児者のきょうだいの生涯発達とその支援、障害者問題研究、40、10-17

(6) 竜野航宇・山中冴子（2016）障害児のきょうだい及びきょうだい支援に関する先行研究の到達点、埼玉大学紀要 教育学部、65、81-89

(7) 深澤瑳栄子・中川辰雄（2011）難聴児の自己意識と聞こえ—自尊感情と障害認識の視点から—、横浜国立大学教育人間科学部紀要1教育科学、13、93-109

(8) 大城麻紀子（2009）聴覚障害への理解をすすめるための実践的研究—聴覚に障害を持つ児童と協力学級の児童とのかかわりを通して—、琉球大学教育学部発達支援教育実践センター紀要、1、44-61

(9) 國枝幹子・古橋啓介（2006）児童期における友人関係の発達、福岡県立大学人間社会学部紀要、15、105-118

(10) 遠藤純代（1990）友達関係、無藤隆・高橋惠子・田島信元（編）発達心理学入門Ⅰ乳児・幼児・児童、東京大学出版

(11) 岡崎由美子・安藤美華代（2010）小学生の学校生活における心理社会的ストレスと心理教育的アプローチ、岡山大学教

育実践総合センター紀要、10、11–20
⑿ 小渕千絵・大金さや香・佐藤友貴・菅波沙耶・廣田栄子・加我君孝（２０１７）学童期の軽中等度聴覚障害児における友人関係の実態に関する検討 *Audiology Japan* 60、３４５
⒀ 鶴岡弘美・石川和代・臼井智子・増田佐和子（２０１３）通常学級から聾学校へ転校した聴覚障害児についての検討 *Audiology Japan* 56、７５７–７６２

私の困りごと

名畑 康之

はじめに、自己紹介をしたいと思います。私は、大学で研究員をしていた時期があります。その頃、本書の著者である勝谷紀子先生や栗田季佳先生と共に難聴者の心理に関する研究をおこなっていました。現在は、研究の世界から離れて、小学校教員をしています。

私は生まれつきの難聴（感音性）です。現在の聞こえの程度は中等度（両耳約50dB）で、補聴器をつけています。補聴器を使い始めたのは、小学校教員になってからです。補聴器をつけていない時の聞こえは、補聴器をつけている時の半分くらいだと感じています。例えば、YouTubeで音楽を聴く時、補聴器をつけていない時には音量を最大にしていましたが、補聴器をつけると音量は半分でも同程度の大きさに聞こえます。補聴器をつけていない時は、周りの人がうるさいと思うくらいの音量で音楽を聴いていた、ということが補聴器を使い始めてからわかりました。

これまでに難聴であることでたくさん困ったことがありました。そして、かつて私は、自分と同じようなことで困っている難聴者がいるのか、他の難聴者はどんなことに困っているのか、とても気になっていました。

そんな中、難聴者が自身の体験を書いた書籍に出会いました。自分とは年齢も難聴の程度も異なる人の話でしたが、共感できることや、発見があり、自分と同じようにみんな悩んだり、困ったりしていることに安堵を覚えました。しかし、こうした書籍は決して多くないと感じています。また、難聴者と一口に言っても、その聞こえや困っていることは十人十色です。

そこで、本コラムでは、私が難聴であることで困った体験と私なりのちょっとした対処法をいくつか紹介します。難聴者の一例として読んでいただければ幸いです。

抜けない体温計

私の電子体温計の音は鳴りません。もちろん実際には聞こえていないだけで、鳴っているらしいのですが。

風邪をひいて病院に行くと、看護師さんから「これで体温を測ってくださいね」とたいていは電子体温計が手渡されます。私は、この体温計が鳴る音を聞き取ろうと自分の脇にじっと耳を傾けます。そんな努力もむなしく、体温計の音が鳴ることはありません。あまりにも鳴らないので、「この体温計、壊れてないかな?」「いや、すでに鳴っているのに聞こえなかったんだろう」「いやいや、まだ鳴ってないかもしれない」とあれこれ考えます。「結構時間も経っているから、もう鳴ったよね」と思っていても、実はまだ鳴っていなかったとなると大変です。電子体温計の場合、計測途中で脇から抜くとエラーが表示されて、測り直しになることがあります。また、正確な体温が測れないと、その後の診察にも響く可能性があるので、体温計を易々と抜くことができません。

そんな時、私は看護師さんの様子をうかがうことにしていました。看護師さんのこちらを見る回数が増してきたら、「そろそろ、その体温計、鳴っていませんか?」という看護師さんからの合図だと勝手に受け取ることにしました。ぼんやりしていて、この合図を見逃すと、ときに痺れを切らした看護師さんが「体温計鳴りましたか?」と声を掛けに来てくれることもあります。

看護師さん、あなたのおかげで、ようやく体温計が抜けます、ありがとう。

良い言い訳

私は子どもの頃から、周りの人に自分が難聴であることを知られたくないと思って生きてきました。その理由は、難聴であることが、恥ずかしいな、という思いがあったからです。他の難聴者のことを恥ずかしいと思ったことはないのに、自分のことをそう思うのはどうしてなのでしょう。

そんな私が最も受けたくない困った質問があります。それは、「耳悪いの?」です。はじめてこの質問をされたとき、私は「何のこと?」と言わんばかりに平静を装いつつも、頭の中では、「やばい、難聴だとバレる」「何て言い訳したらいい?」「どうにかやり過ごせないか」

ともの凄いスピードで自問自答を繰り返しました。脳内フル回転です。しかし、すぐには良案が浮かばず、「ははっ」と苦笑いをしてやり過ごしました。

そこで、その後、再び「耳悪いの?」と尋ねられたときに、うまくやり過ごすための言い訳を考えておくことにしました。単に「いや、耳悪くないよ」や「べつに、そんなことないよ」と答えるのでは、相手に納得してもらえない気がします。そこで、「自分、何かに集中していると周りのことをすべてシャットアウトしてしまって、話しかけられても気付くことができないんですよ」と答えることにしました。耳が悪いわけじゃないんですよ、ということを暗に伝えられる言い訳です。また、これは、「耳悪いの?」と尋ねられたときの答えとしてだけでなく、あらかじめ伝えることで「耳悪いの?」と尋ねられないための防壁としても役立ちます。例えば、私が背後からの呼びかけに気付いておらず、相手が私の肩をトントンとしてきたとき、「あ~、ごめん。○○に集中していて、気付かなかった。で、どうしたの?」といった具合に先手を打つことができます。

私自身は良い言い訳を考えたな、と思っています。何度かこの言い訳を使いましたが、私が難聴であることを本当に見抜かれなかったかどうかは不明です。

適度な距離

多くの大学生は教室の後方の席を好んで座ります。が、私はたいてい前方の席に座っていました。これは、私が大変真面目な学生だったから、ではなく、後方の席では、教員の声が聞き取れないかもしれないためです。教員は板書せず口頭のみで情報を伝えることが多々あります。口頭で伝える内容には、「ここは大事だからメモしておくように」「試験に出るよ」など、成績に関わるようなものもあります。ですから、私は講義の90分間ずっと、耳を研ぎ澄ませて、教員の口元をよく見て、声を聞き漏らさないように集中していました。

そんな様子なので、教員はしばしば私がとても熱心な学生だと勘違いします。すると、相槌を求めてきたり、「君はどう思う?」と質問をしてきたりします。けれど、私は聞き取ることで精一杯ですし、講義の内容にとりたてて興味があるわけではありません(ごめんなさい)。

前方の席に座ると、このようなことが起きるとわかったので、それからは、教員との適度な距離を探り、後方過ぎない、少しだけ前方の席に座るようにしていました。

ゼミで迷子に

私は大学で出会った心理学にはまり、大学院に進学しました。大学院では、少人数で行うゼミがありました。ゼミでは、自分が所属する研究室の人たちが参加し、誰か彼かが研究の計画や成果を発表します。そして、発表者の話を受けて、その発表について周りの人たちが質問したり、議論したりと進んでいきます。私はこのゼミでよく迷子になりました。

発表者の声は聞こえないところがあっても、配付資料などから推測して、情報を補い、内容を理解することができます。一方で、周りの人の質問やコメント、議論の内容は資料があるわけではないので、推測する材料も少なく、内容を理解できないことが多々ありました。目の前で議論が繰り広げられていても、一体、何の話をしているのだろう、まるで言葉が通じない国に来てしまったかのように、落ち着きませんでした。そういう時はじっと待って、聞き取ることができる情報を集めて、「今話しているのは、このことかな?」と推測していくしかありません。

その推測が合っていれば問題ないのですが、外れることもあります。といいますか、外れることのほうが多かったです。例えば、いくつかの議論の後、私が発表を聞いて疑問に思ったことを発表者に質問すると、「それはさっき、○○さんが言ってたように……」など、すでに話題になっていたことを繰り返してしまうことがありました。穴があったら入りたい気持ちでした。この経験以後、私は恥ずかしい思いをしたくないゆえ、ゼミで迷子になったら発言を控えるようになりました。

ドキドキの口頭発表

大学院生ともなると、学会や研究会などで自身の研究成果を発表することがあります。私はこうした場での口頭で行う発表がとても苦手でした。発表すること自体は問題ありませんが、その後の質疑応答が問題でした。せっかくの質問が聞き取れず、的外れな返答をしてしまうのではないか、質問を聞き取るのに力を注ぎすぎて、肝心の返答に力を割けないかもしれない、と発表前から不安を感じていました。実際、口頭発表する機会に恵まれて、質疑応答も何度か経験しましたが、よく聞き取れず、推測した内容で返答することもありました。なんとかやり過ごすことができたときもあれば、そうでないときもありました。例えば、質問に返答すると「いや、そういうことではなくて……」と、質問者が繰り返し同じ質問をすることもあれば、質問を引っ込めてしまうこともありました。こうしたやりとりの様子から、周りの人には、質問の内容が理解できない、質問者の意図を汲めない発表者として映っていたことでしょう。もちろん、よく聞こえていたとしても、質問に対して的確に答えられていたかどうかはわかりませんが。

落とし穴

小学校教員になった当初は、子どもの声が聞き取れなかったらどうしよう、という不安を抱えていました。幸い、子どもたちの声が聞き取れないという事態には陥りませんでした。ホッと一安心と思いましたが、別のところに落とし穴がありました。それは先生同士の話し合いの場でのことです。

例えば、職員会議です。当時、私が勤めていた学校の職員室は、教室三つ分ほどの広さで、約40名の職員の座席がありました。私の席は職員室の端だったので、中央にいる人の声までを拾うのがやっとでした。ときに「ん？」となることもありましたが、聞き取れた前後の情報から内容を推測して、理解していました。職員室の中央よりも離れてしまうと、声の大きな先生を除いて、ほとんどの先生の声が聞き取れませんでした。聞き取れなかった内容は、隣の席の先生に確認していました。ただ、その先生に何度も確認するのも悪い気がして、結局は会議で発言していた先生に直接、聞いてまわっていました。

学校には、たくさんの会議があるので、この確認作業は時間もかかるし、本当に大変でした。ですが、子どもたちに伝えるべき情報を落としてはいけない、と必死でした。こうした日々を繰り返す中、小学校教員を続けるには聞こえの問題を解決しないと厳しいな、と思うようになりました。

出会い

大学、大学院、小学校教員と時を経るにつれて、私の困りごとは対処ができない、どうしようもないものになっていきました。そして、補聴器をつける時がきたのかもしれない、と感じるようになりました。しかし、補聴器をつける決断はなかなかできませんでした。

そんな中、研究活動を通じて出会った難聴者のことを思い出しました。彼らは難聴であることを隠したりせず、難聴であることを当たり前に受け入れていました。私は、難聴であることが、恥ずかしいことではないのかもしれない、と思うようになっていきました。また、本書の著者の一人である小渕千絵先生とシンポジウムでご一緒した時に、小渕先生から、私くらいの聴力であれば補聴器の効果があると教えていただきました。私は補聴器をしても意味がない、とずっと考えていたので驚きがありました。これらの出会いが補聴器をつける後押しになったと思っています。

補聴器をつけたおかげで、私の困りごとはゼロになることはありませんが少なくなりました。そして、「目が悪い人が眼鏡をかけるように、耳が悪い人は補聴器をする。それは、自然なこと」と考えるようにもなってきました。ただ、補聴器をつけて、自分が難聴者であることを周りの人に知られる状況になりました。今でも、難聴であると知られることが恥ずかしい、と思う気持ちは少なからずあります。コラムとしては、「みなさん、難聴を恥ずかしいと思う必要なんてありませんよ。」と主張すべきなのかもしれません。が、恥ずかしいという感情があることも、それはそれで良いのではないかと思っています。

第7章　難聴者の情報保障

冷水　來生

視聴覚に障害がある情報障害者は、視聴覚経路からの情報が障害のない人のようにスムーズに受け取れません。すなわち情報へのアクセスが妨げられます。いわゆる「合理的配慮」によって情報へのアクセス可能性（情報アクセシビリティー）を保障する手立てを情報保障と呼んでいます。中途失聴・難聴者は情報保障を必要としている障害者です。

情報から疎外されることを差別としてとらえ、情報を保障することを人権の保障であるととらえる考え方は、米国では１９７３年に制定されたリハビリテーション法５０４条[1][5]の早くからありました。この法律では、連邦政府機関または連邦政府の資金援助を受けた施設や行事における差別禁止をうたっていました。さらに１９９０年に制定された障害のある米国人法（Americans with Disabilities Act of 1990）では、それを民間にまで拡張しました。

この章では、早くから聴覚障害者への情報保障が進んでいた米国と対比しながら、我が国の情報保障の発展や課題を見ていきます。

中途失聴・難聴者とは

聴覚に障害がある人びとは、大きく分けて中途失聴者・難聴者とろう者があります。その分け方は次のようです。すなわち、日本語を日常生活での主なコミュニケーション方法とする人たちは中途失聴者か難聴者、手話を日常生活での主なコミュニケーション方法とし、ろう者固有の生活様式（ろう文化と呼んでいます）になじんだ人たちはろう者と言います。中途失聴・難聴者の集団は一様ではありません。なぜなら、聴力損失の軽い人から重い人まで、聞こえの程度はさまざまであり、障害の受け止め方や要求などに違いがあるからです。その意味で一致団結するのが難しい集団と言えます。

私自身が、軽い難聴から重い難聴までを経験したので、それを振り返ってみようと思います。最初小学校へ入学した時はふつうに聞こえていました。やがて周囲から難聴ではないかと言われるようになり、小4ごろには自分でも難聴であることを自覚するようになりました。そのまま中高と普通校に進学し、二十代ではおそらく中程度の難聴だったのではないかと思います。三十代はじめ、京都の大学に採用され、教員生活を送るようになります。それ以降のことを、過去の発表などを手掛かりにたどってみます。

京都に来て、京都市中途失聴・難聴者協会に誘われました。新年会に出席した時のことです。発音が明瞭であるのに、会話が全くわからないという女性が斜め向かいの席にいました。「発音がはっきりしているのに聞こえないはずはない、この人はうそをついているのではないか？」私はその時、そう思いました。同じ障害があるはずなのに、自分と条件が少し違うだけでもう他者のことは理解できない。障害があるからといって、必ずしも障害のある他者への理解が深まるとは限らない。今振り返ると、そう思います。

当時の私はまだ若干の残存聴力があり、人とのコミュニケーションは補聴器で対応していました。電話も苦労しながら何とか使っていました。また教授会・学内の会議は4チャンネルのワイアレスFM補聴装置を大学に特注してもらい、使用していました。ワイアレスFM補聴器という装置はすでに販売されており、ろう学校（今の聴覚支援学校）などでは使用されていました。FM波によるワイアレスマイクがついており、先生の口元のマイクから拾った音を生徒の受信装置へ送り届ける補聴器です。これを活用するのです。周波数を違えた受信機を4チャンネル分使い、ミキシング回路を通せば、4本のワイアレスマイクが同時に使えます。重くなるので、送信用に別の1チャンネル分の送信機を組み込みます。そうすれば、ポケットに入るぐらい小さなFM補聴器で4本のワイアレスマイクからの音を同時に聞けるのです。特筆すべきは、そんなものを作らなくても、精神力があれば聞けると言う、同じ学科の教員（旧高師系の大学出身で、障害児教育専門）がいたことです。このころはもうすでに重度の難聴になっていたと思います。そして2000年を過ぎたころ、職場ではもはや補聴機器では対応できなくなりました。ワイアレス補聴装置を使用しても、推薦入試での受験生の発言が聞き取れず、また人との会話もできなくなったのです。

この後、大学に働きかけて、紆余曲折[2]がありましたが、派遣会社等からノートテイカーが派遣されるようになりました。ここで足掛かりとなったのは、総務課長名の学内文書でした。そこには、「障害者雇用促進法に基づいて、一般企業同様、本学においても、雇用している教職員の一定割合（2・1%）、身体障害者又は知的障害者を雇用しなければならないという障害者雇用義務が課されています」、「大学教員については教育研究上あるいは施設、設備の整備上特別の配慮をする必要がある場合は、概算要求において学習支援等経費の要求をする必要があります」と書かれてありました。以後退職するまで、職場ではパソコン・ノートテイクによって話を理解していました。

難聴者は均一の集団ではない

私自身の来歴を振り返っても、最初は自分自身難聴であることに気づかない段階から、自覚するようになる段階、補聴装置に頼るようになる段階、ついには補聴装置が役に立たなくなる段階まで、難聴にはさまざまなステージがあります。そして、完全失聴した人を目の前にして、発音明瞭なので、この人は全く聞こえないなんてありえない。おそらく嘘をついているのだろう、と思うほど、条件の異なる他者に対しては無理解なことがあるのです。

若いころ京都市の中途失聴・難聴者協会の中で、「内なる差別」ということばを聞いたことがあります。健聴者社会からは差別の対象となる難聴者の間にも、軽い者から重い者へのさらなる差別がある、という指摘です。

生理学的に述べれば、難聴には基本的に二つのタイプがあります。すなわち、音を伝える部分である外耳、中耳の障害によって起こる伝音性難聴と、鼓膜の振動を感じ取り、電気信号に変換して脳に伝える部分である内耳や聴神経の障害によって起こる感音難聴です。ことばを聞き分ける能力の障害は、感音難聴によるものです。感音難聴の原因の主たるものは、話しことばの識別に必要な周波数の音(主として高音域)への感度が低下していることにあります。感音難聴の人が補聴器をつけても、必ずしも会話ができるわけではありません。大きな音としては聞こえてくるかもしれませんが、話しことばとして聞き分けられるとは限らないのです。

いっぽう、自意識のあり方という面から改めて難聴者という集団を見てみると、大ざっぱに次のように分かれると思います。まず難聴の程度が軽い人たちは、補聴器や磁気ループなどの補聴装置の助けによって、あるいは機器を使用せず、自力で人とのコミュニケーションを保とうとします。この段階からさらに重くなると、補聴装置だけでは聞き取りが難しく、要約筆記や字幕、ノートテイクなど文字を補助に使う人たちがいます。しかし、ここでもあくまでも頼りとするのは音声の増幅です。そして難聴が最重度になると、音声の手掛かりは役立たず、もっぱら文字に頼る段階になります。ここで補聴装置に頼れなくなるにつれて、手話を覚えようとする人たちも出てきます。昔と比べて手話に対する抵抗はなくなり、今では否定的な感情を示す人はほとんど見られなくなりました。私の住む地域でも中途失聴・難聴者のための手話サークルがいくつか開かれ、それらを掛け持ちしている人たちも見られます。なぜか女性の、そして中途失聴者の参加が多いように感じます。女性が多いのは恐らく、親和動機(affiliation motive:周囲の人たちと友好関係を築き、またそれを維持したいと思う社会的欲求)が女性では高いからではないかと思います。これが対人的コミュニケーションへの動機づけにつながるのでしょう。また中途失聴者の参加が目立つのは、次のような要因によるものではないでしょうか。すなわち、この人たちの大多数は感音難聴です。また、音声日本語が獲得されていることから、心的辞書（mental lexicon：脳内に保持する語彙）は音声日本語で表象されていると思われます。また、感音難聴は主として高音域の聞こえの悪さにより、子音などの弁別が低下するという特徴があります。部分的には聞き分けられるが、全体としては意味をなさないという聞こえの状態です。ここで手話による意味的手掛かりを与えられれば、それを軸として、部分的に不完全だった聞き取りが補完されるというプロセスです。このような、音声言語を獲得した中途失聴・難聴者の使う手話は、生得的ろうの人たちの使う独立した言語としての手話とは根本的に異なっています。中途失聴・難聴者の手話は、いわばカタコトのようなものであり、完ぺきではありません。けれども、話しことばによるコミュニケーションを補完するものとして、十分に役に立っています。同じような機能をするものとして身振りがありますが、これは伝えられる内容が曖昧です。それに対して手話は、語彙の集合です。習得すればするほど、伝えられる内容は増えていきます。ここに中途失聴・難聴者が手話を学習しようとする動機があるのではないかと思います。

話を戻しましょう。自意識という側面から見れば、聴覚障害の最も軽い段階にいる人たちと最重度の段階にいる人たちの間では、意識の断絶があるように思います。軽い人たちの大多数は、聞こえる人たちの中で障害を意識せずに対等に生きていくことを望んでいます。それゆえ、視線は聞こえる人たちのほうを向いています。中には、障害の重い人たちも自分の仲間だと自覚を持つ人もいますが、多くは自分が聞こえる人たちの社会に適応することに精いっぱいで、重い仲間のことを考える余裕がありません。それに対して最も重い人たちは、音声によるコミュニケーションから疎外されます。聞こえる人たちの社会と一定の距離を置かざるを得ません。

ここに、同じ難聴者集団の中で意識の断絶が生まれる契機が存在します。「内なる差別」といわれる所以です。いっぽう、ろうの人たちにはこの断絶がありません。皆が等しく聞こえないからです。そのため、心情的に一致団結がしやすいと言えます。難聴者の中にあるこの断絶を超克すること、それが私たちに課された大きな課題だといえます。

改めて、「聞こえる」ということばの意味を考えてみます。私たちの社会生活においては、単に音が「聞こえる」だけではなく、「ことばを聞き分ける」ことが大切です。難聴が障害であるのは、「ことばを聞き分けられない」ことから来るのだといっても過言ではありません。私たちが社会で生きていくには、「ことば」によるコミュニケーションがきわめて重要だからです。

情報保障のニーズの相違

ここでは難聴者の間での条件の違いと、それぞれに合った情報保障について考えてみます。ろうの人の場合は、共通のコミュニケーション方法は手話なので、情報保障といえば、まずは迷いがなく手話が想定できると思います。ところが、難聴者の場合、先に見たように聞こえの程度によって単一の集団をなしません。情報保障のニーズも異なってきます。若干大ざっぱではありますが、以下にこれまでの考察で考えられる難聴者のサブグループと、それらのニーズに合った情報保障の手段について考察してみます。

まず、軽度の難聴の場合です。ここでの軽度、重度は、これまでの議論から話しことばの聞き分けの困難さを念頭に置いて考えています。

このグループは、補聴器や磁気誘導ループ（ヒアリング・ループ）[3]などの補聴装置を用いて補聴が可能なグループです。また、このような配慮によって、自分自身十分に一般社会に適応していけると考えている人たちが多いと思います。

次に考えられるのは、補聴装置を活用しながら、同時に要約筆記・ノートテイクなどの文字情報を補助的に用いるニーズがあるグループです。このグループは、メインはまだ音声です。しかし、音声の増幅のみでは聞きづらくなっているため、情報を補助する目的で文字情報に頼ります。ただし、音声情報を文字によって補完できるため、話されたことばは、ほぼ完全に理解できると感じている人たちが多いと思います。

その次は、まだ補聴装置を使っていますが、これがほとんど用をなさず、前グループとは対照的に文字情報に頼るグループです。

そして最後に考えられるのは、補聴装置にはまったく頼らず、文字情報のみに頼るグループです。この最後の二者は、文字情報に大きなウエイトを置いているという点で、ほぼ同一グループと考えていいと思います。ただ、少し複雑なのは、このグループといえども、個人会話レベルでは補聴器を活用できることも多々あるということです。特に肉親などよく慣れている人や、声の特徴がその難聴者個人の聞き取り能力にうまく適合した人などと話すときは、まだまだ補聴器が活用できることもあります。

要約か全情報か――情報と人権

補聴器や磁気誘導ループ（ヒアリング・ループ）[3]など、自力で聴力を活用するための機器を除いては、難聴者の情報保障は文字情報を保障することになります。

ここで、話されたことばを文字情報として伝える場合、要約して伝えるのがいいのか、話されたこと全部を伝えるのがいいのかという問題が生じます。

日本では、１９７０年代半ばごろから、難聴者の集まりでは、ボランティアの人たちが聞き取ったことばを透明なロールフィルムにサインペンで書き、ＯＨＰでそれを投影していました。ここでは、すべて書きとることは到底無理なので、聞き取った人が要約して重要と思われる点を書いていました。今日まで、この種の文字情報サービスを「要約」筆記と呼ぶ所以です。２０００年代以降、従来の手書きによる要約筆記に加えて、パソコンによるパソコン要約筆記が徐々に普及し始めました。また、このころから複数のパソコンをＬＡＮでつなげ、互いに相補いながら入力することができる、IPtalk（アイピートーク）などのアプリケーションが開発されました（この入力方式を「連携入力」と呼んでいます）。

ただ、単独で入力する方式でも、連携入力方式でも、やはり逐語的な表示は無理があるように思えます。連携入力は私も職場で経験がありますが、力量の異なった入力者同士では、低い人の技能レベルに落ち着きがちな印象を受けました。そこで私は、以後一人の人に「パソコン・ノートテイカー」

として来てもらっていました。これは私が個人のユーザーとして依頼した場合ですが、会議などで力量が高い入力者が連携した場合は、双方による相乗効果が発揮できると思います。

一方、１８００年代世界最初のろう者のための大学が設立されるなど、伝統的に聴覚障害者への支援策が進んでいる米国ではどうでしょうか。この国は訴訟の盛んな国なので、速記タイプライターに単語変換用のパソコンを接続した法廷速記の需要があり、３年ないしは4年の速記者養成コースがある専門学校や短大があります。また資格試験もあるので、知識や技術の水準は高く、安定しています。タイプライターのキーは22個しかなく、これらを組み合わせて同時に打つことで、基本的には一打で一つの音または音節を打てます。それによって、聞き取り、理解できるなら1分間に２８０語も打てるそうです[4]。この速記技術を、聴覚障害者の支援に援用しているのです。すなわち、後述のクローズド・キャプションによる字幕放送に活用されるのみならず、大学などにおける聴覚障害学生への文字による情報保障の一つとして位置づけています。ここで法廷速記は、一字一句もらさず聞き取り、語に置き換えていくので、逐語的に１００％再生することになります。手書きの筆記技術の限界から、要約に頼らざるを得なかった日本、パソコンに変わった今でもそれは続いています。そして、お年寄りなどのリテラシーに習熟していない人たちに対しては、わかりやすく要約して提供するのがいい、という考え方もあります。

１９９０年代初め、私は書籍やセミナー[5]などでアメリカ障害者法（Americans with Disabilities Act of 1990：ＡＤＡ）とその基本的な概念を知りました。いわゆる合理的配慮（当時はreasonable accommodationの定訳はありませんでした）の説明として、次のような例が示されました。すなわち、〝盲の人が横断歩道を渡ろうとしています。ちょっと肩を貸せばその人は助かることがわかっているのに、それをしないのは差別です。また、耳の遠くなったおばあちゃんが家族と一緒にテレビを見ています。他の家族が笑っているのに、一人だけ笑えません。何でおかしいのか聞いても、家族は「たいしたこと言ってないよ」と言って詳しくは教えてくれないとしたら、これは差別です〟。すなわち、聴覚障害などがある情報障害者にとって、情報から疎外され、アクセスできない状況に置かれているなら、それは差別だということです。

こうした考え方は、それまで私のみならず多くの日本人にとって馴染みのないものであったと思います。またその分衡撃的であり、深く納得できるものでした。漠然と感じていた仲間外れの感情、それにことばが与えられたのです。なるほど、これは差別なのだ、人権を奪われた状況なのだ、と。米国社会は、１８６５年の奴隷制廃止以降、差別の問題について深く悩み、考えてきた歴史があります。ＡＤＡも、人種による差別を撤廃する法律である公民権法に基礎をおいています。そしてここから、話されたすべての情報へのアクセスを保障することが人権を保障することであり、情報の取捨選択はサービスの提供者の側ではなく、それを受ける障害者の側にある、という考え方が生まれたのでしょう。

近年は音声認識などの技術の進歩は目覚ましく、要約に頼らざるを得なかった日本人の私たちも、ほどなく話されたすべての情報へのアクセスが可能になるでしょう。私自身は、すべての情報を保障することが人権を保障することである、という認識が情報保障のあり方だと思います。これを基本命題とし、要約の問題もここから派生的に考えていけばいいと思います。ところで、実は日本にも戦後間もなく速記タイプライターや法廷速記制度がもたらされ、法務省が速記者を養成していた時期がありました。開始は１９５１年です。しかしながらその制度は定着せず、１９９８年をもって国は養成をやめてしまいました[4]。

正確にかつ速く

法廷速記という優れた文字情報支援技能を持つ米国は、テレビ番組の字幕付与にもこれを活用しました。近年は音声認識など工学的な技術の力を借り、日本もようやく追いつきつつあります。ここではまず、放送について見ていきます。

石川ら[6]によれば、米国では１９６２年に連邦の基金でテレビ字幕の実現可能性等の研究が開始されました。さらに１９７２年全米放送協会はクローズド・キャプションが技術的に実現可能だと判断し、75年にはテストの結果、走査線21を固定的に使用することを連邦通信委員会に申請、76年にそれが認められたということです。そして１９８０年3月にはテレビ字幕放送が始まり、82年にはリアルタイム字幕の技術も開発されたということです。ここでクローズド・キャプションというのは、今のテレビには普通についている機能ですが、「字幕」ボタンをオンにすれば字幕が表示される方式です。ＣＣと略されます。それに対し、常に画面に文字などが表示されているのは、オープン・キャプションといいます。また、リアルタイム字幕とは、生放送の画面に、現在話している人のことばなどを字幕表示することです。

こうして１９９０年のアメリカ障害者法（ＡＤＡ）の制定と時を同じくして、テレビデコーダー法

(Television Decoder Circuitry Act) が制定され、3年後の1993年までに米国で販売される13インチ以上のテレビには、すべて字幕デコーダ回路を内蔵することが義務付けられます。また1996年には電気通信法 (Telecommunication Act of 1996) が制定され、さらにコンテンツの字幕化が徹底されます。ここで注目すべきは、一つの大きな法律が制定されたら、その理念を実現するために関係するさまざまな法律が整備され、細かな規定がなされることです。こうして字幕付きテレビ番組は、短い期間に普及していきました。

一方、日本でのリアルタイム字幕はどのように進展したのでしょうか。今井ら[7]によると、部分的な運用であったが、2000年に世界に先駆けて音声認識によるリアルタイム字幕によるニュース番組の放送を開始したということです。ここでは音声認識装置からの出力結果をオペレーター4名がタッチパネルやキーボードで即座に修正ののち、字幕が送出されました。ただ、音声認識はニュース原稿の読み上げ部分のみに限定されました。他の部分は人が特殊な高速入力キーボード (ステノワード) で入力していったそうです。

そして2006年からは経費節減のため、高速入力キーボードによる字幕制作方式に一本化したということです。今井らはこの方式を「ダイレクト方式」と呼んでいます。ここで「ステノワード」というのは、民間の「早稲田速記」が開発した速記システムのようです。米国の速記タイプライターと同じようにキーを少なくしたキーボードをパソコンに接続し、高速のタイピングを実現しようとしたシステムです。このステノワードのオペレーター (入力者) を外注することによって、高速のリアルタイム字幕を作成するほうが安くついたということでしょうか。そしてこの試用放送の後、スポーツ番組や音楽・情報番組の生放送にも字幕をという要望があり、「リスピーク方式」が行われました。これは、字幕専用のアナウンサー（字幕キャスター）が番組の音声を静かな部屋で聞きながら、復唱または要約し、音声認識を行わせる方式です。背景雑音や話し手の違いが音声認識に影響することを考慮したのです。また、誤りの修正オペレーターは一人です。なお、このリスピーク方式は、現在欧州や南米での生字幕制作方式の主流になっているということです。

さらに、「ハイブリッド方式」が開発されました。番組音声を直接認識することを基本とし、インタビューなどの認識が難しい部分に修正者によるリスピークを併用する方式です。ここでは、同音異義語や修正履歴などの修正候補が修正しようとしている単語に応じて適応的にリストアップされるため、効率良く誤りを修正できます(8)。

さてここまでで、NHKによる文字情報の保障についてざっと見てきましたが、私はこのサービスが決して十分であるとは思いません。今私は大阪府下に住んでいますが、例えば朝7時からの全国ニュースは、ローカル・ニュースに切り替わっても東京ではそのまま字幕付きで続けられます。ところが大阪では、ローカル・ニュースに切り替わったとたんに字幕表示がなくなります。夕方も同じです。したがって、同じ時間であっても民放のニュース番組には字幕がつき、NHKのそれにはないという皮肉な現象が見受けられます。また、ゴールデンタイムであっても、大阪局が制作した番組には字幕表示がないことが、目立つほど多くあります。「情報は人権である」という基本的命題が、今になってもしっかりと受け入れられていない感があります。

大学における情報保障

日本の大学でも、障害学生支援のためのセンターが設置されるなど、体制が整ってきました。その内実はまだ各大学によってまちまちだと思いますが、基本的にはボランティアや仲間の学生のノートテイクに頼っているものと思われます。ここで問題となってくるのが、「情報の質」の問題です。米国でも、最初は学生ボランティアによるノートテイクから情報保障は始まったものと思われますが、ただ目標となる基本的な考え方があるように思います。

それは、有資格の (qualified) という考え方です。このことばは、有資格のノートテイカー (qualified notetaker)、有資格の手話通訳者 (qualified interpreter)、同じく口話通訳 (oral interpreter) などの表現で、アメリカ障害者法（ＡＤＡ）にもよく出てきます。一定の水準を満たした者、という考え方、あるいは目標があるようです。そういえば、先に述べた法廷速記者も資格試験を経た「有資格者」でした。

一方、日本の情報保障なり情報支援サービスは、好意を与え、感謝をもって受ける、そこまではいいのですが、それ以上の技能の向上への指向性が意識されず、ずっとその状況に留まってきたように思えます。たとえば難聴者の集会などで、議事の進行に要約筆記やパソコン・ノートテイクのサポートがついても、ボランティアの技量がついていかず、必要な情報が抜けることがよくあります。その時、上から下まで読んでみても意味が通じない、推測もできないことがあります。補聴器、磁気ループが使える人には、まだそれらの補助で話の内容がわかるのですが、それらに頼れないほど難聴が進行している場合は困ります。その上、時間差が大きいと、全部読み切ったうえで発言しても、その時はもう次に進んでいて、タイミングも合わず取り残されることがしばしばあります。ここが同じ難聴者の集団の中でも軽い者と重い者の断絶を感じるときの一つです。

さて、このような時も、私たちには昔からの日本文化に基づく「遠慮」があって、なかなかサポートが不十分ですとは言いづらいものがあります。一定の水準を満たすという志向性は顕在化しないのです。これをどのように解決するかが、今後に向けた課題の一つだと思います。

大学の講義は、授業内容を正確に伝える必要があります。したがって米国の大学では、やはり水準を満たすことが目標となっています。例えばカリフォルニア州立大学ノースリッジ校では、ろうや難聴の学生にはノートテイク、手話通訳、ＣＡＲＴ、およびMeaning-for-meaning systemと呼ばれるパソコン・ノートテイク（言い淀み、反復など冗長な情報を除いたコンピュータ支援転記）のサービスがメニューとしてあげられています。[9] またＣＡＲＴとはComputer Access Real-time Translationもしくは Communication Access Real-time Translationと呼ばれるもので、前に述べた法廷速記のシステムと同じものを大学での情報保障に援用したものです。ノートテイカーは、聴覚障害学生がＣＡＲＴや手話通訳に集中した場合、同時にノートがとりにくいので代わりにノートを取る支援策です。またノートテイカーに登録した学生は、一定の訓練を受けることが明記されています。

ＣＡＲＴはわずかな時間遅延をもって、授業内容をほぼ文字化して伝えることができるという点で、少なくとも大学での情報保障の手段としては非常に効果的なものといえるでしょう。実際の運用の様子については、ワシントン大学での動画があります。[10] そのほかのメリットについては、例えば手話通訳サービスでは、手話の語彙と学術用語が完全に対応していません。また、語彙のサイズが音声言語のそれと比べて小さいです。ですから、講義を手話通訳するとなると、意訳や言い換え、もしくは要約に頼らざるを得なくなります。文科系、例えば文学や法学では、もとの正確な言葉遣いを知る必要が生じてくることもあるでしょう。また理科系の分野でも、専門用語の正確な伝達は必要です。CARTは、正確で速く、しかも要約や言い換えのない情報を伝える手段として最適ではないかと思います。

最近の動向

これまで見てきたように、わが国ではなかなか難聴者のための有効な情報保障の手段が見いだせませんでしたが、近年の音声認識技術の目覚ましい進歩が光明を見出しつつあります。NHKでの字幕付与技術の試みもさることながら、栗田は、先述のパソコン要約筆記システム、IPtalkとGoogleの音声認識機能を接続し、受信した出力結果を「訂正係り」が訂正する試みをおこなっています。[11] 認識技術が向上すればするほど、「訂正係り」の負担が軽くなるので、現在のように何人もの「連携入力者」が待機する必要がなくなるでしょう。また、サービスの遠隔化も特筆すべきです。すなわち、オペレーターがその場にいる必要はなく、インターネットを介して遠く離れた文字化サービスのサイトに音声データを送信し、出力結果を受信すればいいのです。

懸念もないわけではありません。現今の認識率の高い方式は、深層学習という手法を取り入れており、高度な認識率を達成するためには大量のデータとその処理を必要とします。そのため音声データを、インターネットを介してクラウドに送信しなければなりません。ここで安全性の問題が生じます。すなわち、プライベートな情報が漏出したり、送り先の巨大企業によって縦横に利用される恐れがあるという問題です。ただこの問題は、世界各国で論じられており、法制度の整備にも着手されています。やがて自由主義諸国にとって最良の制度がデファクト・スタンダード（de facto standard：事実上の標準）となって、この問題を解決するものと思われます。

法律か良識か――情報保障を進める力

かつて大学で、聴講している学生を相手に、情報保障は聴覚障害者など情報障害者の人権を保障することであり、情報にアクセスできないことは、それらの人たちに対する差別となるという話をしました。そして、米国では障害者差別禁止法（ＡＤＡ）で規定されていると述べました。これをお手本とした日本の障害者差別解消法が施行される20年ほど前のことです。

学生にレポートを書いてもらったところ、「差別をしてはいけないというのは、個人の良識に任せるべきであって、法で規制するようなものではない」との意見が数件ありました。私は次の講義でその意見を紹介し、法の規制があって人びとの認識が進む面がある、というようなことを述べたように思いますが、確固たる信念を持って、それを言うことができませんでした。

しかし、障害者差別解消法施行後、特に大きな企業ではコンプライアンス教育が行き届いているように思います。例えば大きなホームセンターやスーパーなどの商業施設、金融機関窓口などでは嫌がらずに筆談に応じてくれるようになりました。一方、個人営業の店舗や大小の病院での情報保障は不十分に感じます。医師はまず書いてくれませんし、個人営業の店主などには話しことばで押し切られることも多いです。ただ、今なら確信を持って、法律が人びとの意識の向上に資することが十分にあるのだと言うことができます。そこで私は、まず医学教育のカリキュラムの中に人権教育を必修として組み込むことを提案します。医師の世界の中にもコンプライアンス教育を導入することによって、意識の向上は必ず訪れるものと思います。

文献・資料・注

(1) 内閣府（2014）平成25年度障害者権利条約の国内モニタリングに関する国際調査報告書8-1アメリカにおける障害者政策の枠組み https://www8.cao.go.jp/shougai/suishin/tyosa/h25kokusai/h8_08_01.html

(2) 冷水來生（2009）聴覚障害者にとっての情報保障・コミュニケーション支援 季刊福祉労働 123号 53-60.

(3) 話し手のマイクが拾った音声を磁力誘導アンプにより磁力線の強弱に変換し、床に敷設したワイヤに流す。聞き手は自分の補聴器をT回路にすることによって、磁力線を直接拾い、音声に再変換させる。このようなシステムで、周囲の音に邪魔されることなく話者の声を聴くことができる。なお、T回路のTとはTelephoneのことで、かつての電話の受話器には電磁石が内蔵されており、磁力の強弱を振動板に伝えることによって音声を再生した。ここで生じる磁力線を補聴器が直接拾うことによって、やはり周囲の音に邪魔されることなく電話を受信できるように開発されたのが最初である。

(4) 冷水來生（2004）聴覚障害者が見たアメリカ社会―障害者法と情報保障 現代書館

(5) 八代英太・富安芳和（編）（1991）ADAの衝撃 障害をもつアメリカ人法 学苑社

(6) 石川准・関根千佳（2001）米国における字幕放送の歴史 http://web.archive.org/web/20150319041701/http://fuji.u-shizuoka-ken.ac.jp/~ishikawa/subtitle.htm

(7) 今井亨・奥貴裕・小林彰夫（2011）音声認識によるリアルタイム字幕放送の進展 情報処理学会研究報告 88（4）, 1-6.

(8) 今井亨「リアルタイム字幕放送のための音声認識」https://www.nhk.or.jp/strl/publica/rd/rd131/PDF/P04-13.pdf

(9) Speech-to-Text Services | California State University, Northridge https://www.csun.edu/ncod/speech-text-services

(10) Communication Access Realtime Translation: CART Services for Deaf and Hard-of-Hearing People (2014) http://www.washington.edu/doit/videos/index.php?vid=57&t=1

(11) 栗田茂明（2018）IPtalkにおける音声認識対応『聴覚障害者のための字幕付与技術』シンポジウム 29–38.

「聴覚過敏」が教えてくれた耳と脳の繋がり

高宮 明子

うるさい！ 音が耳に刺さる！

難聴者の多くに、それほど大きくない音が異常に耳に響く「聴覚過敏」という症状があります。医学用語ではこれをリクルートメントまたは補充現象と言います。健聴の人は難聴とは小さい音が聞こえないことだと考えがちですが、実は聴覚過敏、耳鳴り、音の歪み、耳閉感などの症状もあるのです。

その中には耳の異常が脳に影響を与えて発生すると考えられる症状があります。もともと耳と脳は二人三脚で「聞く」役割を担っています。耳は空気の振動である音を捉えて電気信号に換え、脳がその電気信号は何の音かを判断（認知）しています。

ここでは「聴覚過敏」を中心に、私の経験を通して耳と脳の強い繋がりを考えていきます。

支援者として知った聴覚過敏

１９９４（平成６）年、私は高校から養護学校（現在の特別支援学校）に転勤しました。ところが、もともと高校教員だった私には障害に関する専門知識も養護学校の教員免許もありません。転勤して初めて見る現象、初めて聞く言葉に何度も驚きました。当時このような教員は珍しくありませんでした。

ある日、視聴していたビデオの中で「ガシャーン」という音がすると、Ａさんがけいれんを起こしました（強直間代発作）。数日後には給食の食器が触れ合う音を聞いたＢさんが椅子から落ちてしまいました（脱力発作）。どちらもてんかんの発作です。養護学校にはてんかんの発作がある児童生徒がかなり在籍しています。さきの二人の発作は音の刺激で脳の電気信号が乱れたために起きたものです。聴覚、視覚などの感覚はすべて電気信号として脳に伝わるので、脳内の電気信号を乱すことがあります。

また別の日、遠くでかすかに雷が鳴ると、Cさんが両耳を押さえて激しく泣き始めました。Cさんにとっては遠雷も耳に刺さる大音声です。さらにCさんの泣き声を聞いたDさんも耳を押さえて怒り始めました。こうした症状は自閉症（正式には自閉スペクトラム症、自閉症スペクトラム障害）に伴う「聴覚過敏」です。

秋の体育祭練習ではピストル音でてんかん発作が起きる生徒もいました。障害の重い子どもの場合、「用意!」の号令でピストル音を予測して防備することはできません。なお、現在では不快な音を減らす「環境調整」が行われ、ピストルはほとんど使われません。

一年目の終わり頃には難聴の児童生徒が多いこともわかりました。脳性麻痺やダウン症には難聴が重なることがよくあります。ただし障害のある子どもの聴力測定は難しく、自分で補聴器を管理することも難しいため、補聴器を装用している子どもはわずかです。ここにあげたてんかん、自閉症、脳性麻痺はいずれも脳に原因がある障害ですが、聞こえに関する症状があります。私は養護学校教員になったことで、耳と脳の強い繋がりに気付きました。

21世紀に入ると、日本の障害者関連の法律・制度は大きく変化しました。２００４（平成16）年の発達障害者支援法制定、２００７（平成19）年の特別支援教育開始と障害者権利条約調印、２０１３（平成25）年の障害者差別解消法制定など、変化は急激でした。

この間に新しい障害の概念として「発達障害」（自閉スペクトラム症、注意欠如・多動性障害、学習障害など）が定着しました。これは当事者であるニキリンコ、東田直樹氏らが言葉や文字で発達障害を語り、テレビでも特集番組やドラマが作られ、多くの人が発達障害を知ったからです。私自身は突発性難聴を患った後、２００１年から大学院で知的障害・発達障害を学び、養護学校教員免許と臨床心理士資格を取得しました。復職後は他校の児童生徒の為の訪問相談も担当しました。初めの頃は発達障害に関する一般教員の知識は少なかったのですが、今ではどの教員も原因が脳にあることやさまざまな症状があることを理解しています。

ここでは学校で行われている聴覚過敏への配慮を紹介

します。特別支援学校は一学級当たりの児童生徒数が少ないですし、雑音を減らす「環境調整」に力を入れています。特に肢体不自由を対象とする学校は床にカーペットが敷かれているため静かです。しかし、知的障害を対象とする学校は児童生徒数が急増しており、防音はなかなか難問です。教具を工夫する、静かなクールダウンスペースを設ける、本人が不快でなければヘッドフォン（イヤーマフ）を付けるなどの対策があります。小中学校の場合は、障害のある子どもが学ぶ場は特別支援学級、通級指導教室、通常の学級と三種類あります。特別支援学級や通級指導は少人数ですから比較的静かですが、通常学級はとてもにぎやかです。聴覚過敏のために教室に居づらい児童もいますので、机・椅子の脚にテニスボールをはめて少しでも音を防いでいます。また、自閉症のこどもは時々聞こえないように見えますし、言葉を聞こうとしても聞き取れないことがあり、教員が細かく声をかけるようにします。このように発達障害には聞こえに関する症状があり、防音は発達障害の子どもにも聴覚障害の子どもにも必要です。

ところで、発達障害が急速に社会に広まったのに対し、難聴への理解はなかなか広まりません。補聴器に関する実態調査「ジャパントラック２０１８」[1]によれば、自らを難聴と自覚する人は人口の11・３％です。難聴者は非常に多いのですが、高齢者が多いために当事者からの発言が少なく、メディアもほとんど取り上げません。今後、マスコミに積極的に働きかけ、自らを表現する難聴者が登場することを期待しています。

当事者として経験した聴覚過敏

後半は難聴の当事者として私の経験を語ります。私は障害者手帳に該当しない中度難聴で、補聴器使用者です。一対一会話や電話は聞き取れますが、数名の雑談や会議は完全には聞き取れません。聞こえにくい以外に聴覚過敏、耳鳴り、耳閉感などの症状があります。耳閉感とは飛行機の中にいるように耳が詰まる感じです。

突然難聴になったのは１９９８（平成10）年です。パソコン研修からの帰り道、後方からガタガタと大型車の音が近づいてきました。ところが、私の横を通り過ぎたのはミニバイク一台。この瞬間に耳の異常に気付きました。翌日近隣の耳鼻科で左側突発性難聴と診断され、ステロイド剤を服用しましたが、その後二日間で急激に悪化し、激しい耳鳴りも加わりました。小さい音は聞こえませんが、聞こえる音はうるさくてたまりません。特に洗濯機、掃除機、ドライヤーなどの家電製品は、音が耳に刺さる感じで使えません。テレビの音量は、難聴なのに、下げました。光や色がまぶしい視覚過敏、触るだけでピリッとする触覚過敏も起きました。不眠症（過覚醒）、吐き気、発汗、偏頭痛など、自律神経の異常も押し寄せました。

　三日目に大病院に移り、ステロイド・パルス療法を受けましたが、効果は皆無でした。当時、突発性難聴は一生に一度の病気であり、また片耳の難聴は日常生活には影響がないとされており、数か月で治療が終わりました。けれども、片耳だけではかなり聞こえにくく、不快な諸症状も続いていました。耳鼻科でも耳鳴り・聴覚過敏対策として精神安定剤が処方されていましたが、心身の疲労が蓄積したため、以後は精神科で治療を受けることにしました。それから1年後には家電製品が使えるようになり、5年後は映画の大きな音が平気になり、9年後には言葉はほぼ聞き取れ、耳鳴りも気にならなくなりました。

　発病後すぐに自分の症状は自閉症の聴覚過敏に似ていると気づきました。脳に原因がある自閉症と、内耳に原因がある突発性難聴は全く違う疾患ですが、難聴による電気信号の変化が似た症状を起こすのではと推測しました。現在、耳鳴りについては、脳が聴力の低下を補おうとして音ではない電気信号まで音と感知していると考えられています。聴覚過敏もこれに似た現象ではないでしょうか。私は自分が難聴になって初めて難聴の症状は複雑で多様だと知りました。聴覚過敏の辛さも想像以上で、自閉症の生徒と日々接していたのに十分に理解していなかったのだとわかりました。

　一般に難聴の人にはどんな症状があり、それはメンタルヘルス（精神保健）にどんな影響を与えているのでしょうか。それを知るために私は２００２年に難聴者・中途失聴者団体の協力を得て、アンケート調査を行いました[2]。メンタルヘルス度の測定にはGHQ-30という調査用紙を使いました。有効回答者１８１名の平均年齢は54・9歳、聴覚障害発生からの経過年数は平均29・4年でした。その結果、53・0％の人が精神的には健康とは言えないと判定されました。睡眠障害が多いのが特徴です。また、耳鳴り、耳閉感、響きの異常、めまい、言語障害の症状の有無を尋ねたところ、回答者１６３名のうち各症状がある人はそれぞれ81・6％、52・8％、62・6％、44・8％、59・8％でした。症状の程度は軽い人が多いものの、長く難聴である人にも多様な症状があるとわかりました。

今の私は両側難聴です。突発性難聴から16年後、突然両耳に難聴発作が起きました。この時主治医は初めからメニエル病だったと診断名を変えました。メニエル病は激しいめまいが起きることで有名ですが、難聴、耳鳴りなど聴覚の症状もあります。内耳は平衡感覚と聴覚を担っており、メニエル病はそこに過剰にリンパ液が溜まって発作が起きます。症状に個人差がありますが、発作を繰り返すことが大きな特徴です。私の場合はめまいや眼振は殆どありません（非定型）が、右耳の難聴発作が断続しています。二度目の大発作から5年後の今、右耳は発作時65dB、良好時は45dBの変動性・進行性の難聴です。左耳は60～65dBでほぼ安定していますが、言葉を聞き分ける力（語音弁別能）が右側よりずっと劣ります。聴覚過敏、耳鳴り、耳閉感といった症状は初回同様にありますが、聞こえにくいという症状が強まりました。難聴が進行するという不安も続いています。

再発時は教員でしたので早急に補聴器が必要でした。けれども、左右の聞こえが異なる上に右耳は変動しますから、補聴器購入は簡単ではありません。認定補聴器技能者のいる専門店で耳穴型補聴器を買いましたが、硬い補聴器を耳穴に入れるため強い違和感がありました。その上、耳穴型では自声や歯のあたる音が異常に響き、聴覚過敏がある私にはひどく苦痛でした。耳穴型はオーダーメイドなので、購入前に装用感を確かめることもできません。Tコイルがなく、ヒアリングループやロジャーなどの補聴補助システムが使えないことも、購入時は全く知らず、ずっと後で知りました。購入後に何度も調整（フィッティング）をしましたが、不快感は続きました。その後難聴が進行したこともあり、最近耳掛け型RIC補聴器に替えました。補聴器は中級品で両耳30～40万円と非常に高価ですが、本物の耳の再現はできませんから、納得できるような説明と調整が必要です。認定補聴器技能者のいる専門店は信用できますが、それでも売る側と買う側とは一致できない時があります。ところが、多くの難聴者は技能者のいないメガネ店等で購入しており、調整が不十分の恐れがあります。元々地方では専門店が少なく、セカンドオピニオンを求めたり他社製品を試したりもできません。「ジャパントラック201

8」は日本の補聴器所有率や満足度はヨーロッパ諸国より低い(1)と報告していますが、それは販売形態に課題が多いからではないでしょうか。

健聴者では耳と脳が連携して不要な音は小さく、必要な音は大きく聞こえます（選択的聴取、カクテルパーティー効果）。しかし、難聴者ではこの機能が働きにくく、風の音、衣服の音、反響音などの雑音が聞こえを妨害します。これは屋外での録音を後に再生すると風の音が邪魔なのと似ています。元々補聴器を通して聴く音は電気的に拡大再生されているので、同じ強さの生の音ほど明瞭ではありません。しかも聞きたい音だけを拡大することはできないので、雑音がとてもうるさく感じられます。また、複数の音を一度に聞くことも苦手です。私が以前声楽やミュージカルを習っていた時には、ドミソの和音は三色団子のように明瞭な形で美しく聞こえました。ところが今は、半分溶けたアイスキャンデーのように形が潰れ、和音も不協和音もみなうるさい音になってしまいました。

ここに紹介したのは私の個人的体験です。私は聴覚心理学の専門家ではなく、自分が難聴になった結果、徐々に知識が増えました。情報社会であるにもかかわらず、難聴に関する一般向けの情報は僅かで、調べてもわからないことが多々あります。拙い体験記ですが、小文が僅かでも一般の方の参考になれば幸甚です。

文献・資料

(1) 日本補聴器工業会（2018）JapanTrak 2018調査報告 www.hochouki.com/files/JAPAN_Trak_2018_report.pdf（2020年4月27日アクセス）

(2) 高宮明子・藤田継道（2005）GHQ-30による調査からみた難聴者・中途失聴者のメンタルヘルス、特殊教育学研究、43(4)、279-290

おわりに

去年の暮れ、NHK衛星放送で〝偉人たちの健康診断〟という番組があり、ベートーヴェンの難聴が取り上げられていました。今年は生誕250周年になるそうですが、考えてみれば彼は世界でもっとも有名な難聴者でした。個人的な話で恐縮ですが、この大音楽家にまつわる私の若い日の記憶が甦ってきます。小学校低学年のころから難聴は始まりましたが、音楽が好きで、中高時代は勉強の合間にラジオで軽音楽を聞いていました。大学に入ってからはアルバイトで資金を貯め、秋葉原でそれなりの性能を備えたオーディオアンプとレコードプレイヤーを購入し、ヘッドフォンで音楽を聴いていました。ある時、近くの公立図書館で借りてきたダヴィッド・オイストラフのバイオリンによるベートーヴェンのバイオリン協奏曲のレコードを聴き、深く感銘を受けました。そのうち上野の東京文化会館でコンサートがあることを知り、プレイガイドで切符を買って出かけます。ロリン・マゼール指揮のベルリン放送管弦楽団と豊田耕児氏のバイオリン独奏によるものでした。ちなみに豊田耕児氏は、よく発達心理学の話題にされる「鈴木メソッド」でバイオリン教育を受けた人です。オイストラフの華麗さとはまた違って、「硬質の叙情《リリシズム》」とも評される端正さがありました。

交響曲第5番「運命」は、急激な4拍（音楽的に正しい表現かどうか知りませんが）で始まります。番組によると、これは耳鳴りのリズムだったとの説があるそうです。しかしその2年前、彼は先述のバイオリン協奏曲を作曲しており、これはたいへん穏やかな4拍で始まります。耳鳴りとは関係なく、この時期の彼は4拍というモチーフを追求していたのではないか、そしてその一つの到達点が、一楽章全体が4拍で埋め尽くされる交響曲第5番であったのではないか、と考えることもできます。

番組ではアムステルダム大学の研究スタッフによる報告を紹介していました。調べてみると、それは論文というよりは、短いノートのようなものでしたが、ベートーヴェンが医師にあてた手紙の内容を知ることができました。そこには、声は聞こえるのに言葉がわからないこと、誰かが叫ぶとその声が耐えられないことが記されていました。これはこの本でも説明されている感音難聴の特徴を過不足なくとらえています。特に後の記述は、今日でいう「リクルートメント現象」そのものです。さまざまなエピソードを知るにつけ、彼は私たちがイメージしているような気難しく、激情的な面だけではなく、明晰で合理的な面も持っていたことが浮かび上がってきます。いつか難聴という条件を内面から理解する者によって、ベートーヴェンの心理の解明がなされることに期待したいと思います。

前置きが長くなりましたが、本書は最初、学術書として企画されたものです。その後、二重、三重に紆余曲折があり、最終的には「一般向けの読み物であるが、学術書としての性格をも失わない」本とすることになりました。この命題を、執筆者たちは各人各様に解釈しながら書いたことと思います。もとより「中途失聴・難聴者」という共通のキーワードで括られるものの、執筆者たちの専門も世代もまたさまざまです。そして執筆には、難聴の人も、聞こえる人も参加しています。全体を統一しようとするための作為をせず、ありのままの形で世に問うことになりますが、この形を取ることは、中途失聴・難聴者の問題をさらに広く、さらに深く考えるための足がかりを与えることにもなるのではないかと期待しています。読者の皆さまはどのような感想を持たれたでしょうか。

現代の情報化社会の中で、中途失聴・難聴者の置かれた立場にはまだまだ厳しいものがあり、諸問題の解決にはほど遠いありさまです。これからも私たちは意欲的かつ持続的に、この問題に取り組んで行かなければならないと思います。

冷水 來生

2020年 早春

執筆者紹介（50音順）

今尾 真弓（いまおまゆみ） 臨床心理士・公認心理師
岡本 康秀（おかもとやすひで） 東京都済生会中央病院耳鼻咽喉科部長
小渕 千絵（おぶちちえ） 国際医療福祉大学成田保健医療学部教授
勝谷 紀子（かつやのりこ） 北陸学院大学人間総合学部教授
栗田 季佳（くりたときか） 三重大学教育学部准教授
佐野 智子（さのともこ） 城西国際大学福祉総合学部教授
冷水 來生（しみずよりお） 京都教育大学名誉教授
高宮 明子（たかみやめいこ） 大阪府立支援学校特別非常勤講師
滝沢 広忠（たきざわひろただ） 札幌学院大学名誉教授
名畑 康之（なばたやすゆき） 札幌市内の小学校教員

難聴者と中途失聴者の心理学
—聞こえにくさをかかえて生きる—

2020年7月5日 第1刷発行
2021年12月25日 第2刷発行

発行者 竹村正治
発行所 株式会社 かもがわ出版
〒602-8119 京都市上京区堀川通出水西入ル
TEL 075(432)2868 FAX 075(432)2869
振替 01010-5-12436
ホームページ http://www.kamogawa.co.jp
印刷所 シナノ書籍印刷株式会社

ISBN978-4-7803-1093-1 C0011 JASRAC 出 2003973-102